Esther Vilar

Katholikinnen aller Länder vereinigt Euch

Gustav Lübbe Verlag

Der ersten Päpstin gewidmet

Katholikinnen an die Macht

Ein Gespenst geht um in der katholischen Kirche – das Gespenst des Feminismus. Und darum haben sich alle Mächte dieser Kirche zu einer heiligen Hetzjagd gegen dies Gespenst verbündet. Einer mit menschlichem Antlitz freilich, wie sich das für die neuen Zeiten gehört: Statt Inquisitionsfolter gibt es nun für die aufmüpfigen Frauen Komplimente, statt Hexenverbrennung betreibt man Sexualaufklärung, und dem Denkverbot von damals zieht man die Dokumentenfälschung vor.

Die Katholikin könne nicht Priesterin werden, weil ihre Aufgabe in der Familie viel wichtiger sei als ein kirchliches Amt, sagen sie heute. Die Katholikin könne nicht Priesterin werden, weil ihre Weiblichkeit den Keuschheitsentschluß der Priester noch erschweren würde. Die Katholikin könne nicht Priesterin werden, weil es die Bibel verbiete, und die Bibel sei schließlich das Wort des Herrn.

Sie sagen das, die Herren.

Und damit steht zweierlei fest:

- Die Katholikin wird von ihrer Kirche als Macht anerkannt.
- Für die Katholikin ist es Zeit zum Handeln.

Warum handelt sie nicht?

Also, Ihr Katholikinnen aller Länder, warum handelt Ihr nicht? Fast zweitausend Jahre sind seit der Geburt jenes Mannes vergangen, der sich wie keiner vor ihm als Freund der Frauen zeigte. Fast zweitausend Jahre ist es her, daß dieser Mann für sein Ideal von der Gleichheit aller Menschen den Tod am Kreuz erlitt. Doch Ihr verharrt vor den Herren Eurer Kirche noch immer in Demutstellung, gebärdet Euch nach wie vor wie Gläubige zweiter Klasse.

Sie lassen Euch in Eurer Kirche nicht predigen. Sie lassen Euch nicht den Kelch in Händen halten. Sie lassen Euch nicht die Gemeinde segnen. Sie erlauben keiner von Euch, ein Paar zu trauen, ein von Euresgleichen geborenes Kind zu taufen, einem von Euch betrauerten Toten die Messe zu lesen. Und in den Chören dürft Ihr erst singen, seit sie keine Kastraten mehr finden.

Und wie reagiert Ihr darauf?

Ihr kommt weiterhin, um ihrer Predigt zu lauschen, nehmt weiterhin die Hostie von ihnen entgegen, bittet sie weiterhin um ihren Segen im Namen des Herrn. Ihr erscheint bei ihnen zur Trauung, heißt sie Eure Kinder taufen, laßt sie Eure Toten ehren. Und wenn sie mit ihren Glöckchen bimmeln, geht Ihr in die Knie wie abgerichtete Hündchen.

Fällt Euch nicht auf, daß Ihr so tagaus tagein den Mann beleidigt, den Ihr Euren Retter nennt? Daß Ihr mit Eurem devoten Verhalten ausgerechnet Jesus Christus, den Vorkämpfer der Menschenrechte, zum Statthalter des Sexismus degradiert? Denn behauptet

Ihr nicht, Ihr tätet alles auf Sein Geheiß, folgtet in allem Seinem Willen?

Im Namen des Vaters, plappert Ihr nach, obwohl nicht einmal Euer Unfehlbarer im fernen Rom behauptet, daß Euer Gott ein Mann ist. *Das Wort des Herrn*, nennt Ihr Euer Buch, obwohl kein Mensch einen Herrn beim Diktieren sah. *Wir danken unserem Schöpfer*, sagt Ihr bescheiden.

Nein, niemand erwartet, daß Ihr nun Gleiches mit Gleichem vergeltet, das wäre nicht die feine christliche Art. Aber wenigstens hie und da könntet Ihr's wagen:

Im Namen der Mutter ...

Das Wort der Herrin ...

Wir danken unserer Schöpferin ...

Aber Ihr wagt es nicht. Ihr haltet lieber den Mund. Bis in alle Ewigkeit, Amen.

Katholikinnen aller Länder, Ihr seid eine Schande. Eine Schande für Euch selbst, die Ihr Euch nicht zu genieren scheint. Eine Schande für uns, die wir uns für Euch genieren müssen. Eine Schande für das ganze Geschlecht der Frauen.

Und letztlich seid Ihr auch eine Schande für Eure Kirche, die Ihr mit Eurer Passivität zum letzten totalitären Regime, zur letzten Bastion weiblicher Unterdrückung macht. Wann immer Euch Euer Papst mit liebevoller Stimme wieder einmal endgültig den Zugang zum Priesteramt verweigert, geht ein Aufschrei der Entrüstung um die Erde. Ein Aufschrei, dem sich jeder anschließt, dem Euer Schicksal am Herzen liegt. Nur Ihr nicht, die Betroffenen. Wenn Ihr Euch leise zu beklagen traut, ist das schon viel. Einen öffentlichen Protest größeren Ausmaßes hat man noch nicht erlebt. Sollen wir, die Ungläubigen, etwa für Euch auf die Straße gehen?

Haben wir Euch in der Vergangenheit nicht immer wieder vorgemacht, wie man so etwas anstellt? Der moderne Feminismus kennt zwei Kampfmethoden: Man kann den Männern sagen, daß man sich ihre Ämterhäufung nicht länger gefallen läßt, oder man kann ihnen sagen, daß sie nicht so dumm sein sollen, jeden Morgen für uns zur Arbeit zu gehen. Die erste Strategie nennt man den Kampf um weibliche Gleichberechtigung, die zweite den um weibliche Gleichverpflichtung. Und erfolgreich sind beide, weil sie beide in den Männern den Wunsch nach Veränderung wecken: Im ersten Fall bemitleiden sie uns Frauen, im zweiten sich selbst.

Doch handeln müssen wir dann schon selber: Wir nutzen die Stimmenmehrheit, die wir dank unserer Langlebigkeit heute in allen Bereichen haben, und machen uns auf demokratische Weise ans Verändern.

Auch Ihr Katholikinnen seid in der Mehrheit: Ihr stellt heute siebzig Prozent der Mitglieder Eurer Kirche. Wer Eure Gotteshäuser besucht, hat den Eindruck, daß dort praktisch nur noch Frauen beten. Doch ans Verändern macht Ihr Euch nicht. Weshalb?

Nun, Ihr Katholikinnen aller Länder, warum tut Ihr nichts? Wenn Frauen und Männer gleiche Rechte und gleiche Pflichten haben – warum nehmt Ihr Euch nicht, was Euch an Macht und Verantwortung zusteht?

Ihr wollt kirchliche Ämter?
Dann verschafft sie Euch doch!
Ihr möchtet Eurer Göttin als Priesterin, Bischöfin, Kardinalin dienen?
So tut es!
Ihr wünscht an der Spitze Eurer Kirche eine Päpstin zu sehen?
Die könnt Ihr doch haben!

Aber nicht durch frommes Wünschen. Nicht durch verhaltenes Gejammer. Und auch nicht durch einen Appell an die Fairneß der Gegenspieler. Von einer Hierarchie, die es gewohnt war, den Aufmüpfigen unter Euch mit Erpressung, Folter und Mord zu begegnen, könnt Ihr nicht plötzlich Fairneß, Verständnis, Gerechtigkeitsliebe oder gar Mitgefühl erwarten. Von einer Kaste, die – wie wir noch zeigen werden – nicht einmal vor einer Verfälschung der Worte Christi zurückschreckt, um ihre Alleinherrschaft zu begründen, dürft Ihr keine Aufrichtigkeit erhoffen.

Und so scheint es ja auch bis heute in Eurer Kirche keinen einzigen Mann zu geben, dem dieser demütigende Stand Eurer Dinge peinlich wäre – zumindest nicht peinlich genug, um dagegen öffentlich zu protestieren –, und jedenfalls keinen, bei dem man einen solchen Protest zur Kenntnis nehmen müßte, keinen in gehobener Stellung. Denn der würde seine Stellung wohl verlieren. Und was wäre ein katholischer Würdenträger ohne sein Amt? Er wäre so viel wie jede der Frauen, derer er sich so gerne erbarmen würde: ein Nichts.

Es ist also das Gesetz von Feiglingen, dem Ihr Euch beugt. Es sind als Priester, Bischöfe und Kardinäle verkleidete Opportunisten, vor denen Ihr kniet. Und dies seit zweitausend Jahren.

Katholikinnen aller Länder, uns drängt sich da ein Gedanke auf. Es kommt uns ein Verdacht.

Vielleicht wollt Ihr in Eurer Kirche gar nicht mitregieren? Vielleicht möchtet Ihr keine geistlichen Ämter? Vielleicht bleiben Eure Vorstöße nur darum so kraftlos, weil Ihr Euch gegenüber den Herren in den prunkvollen Roben eigentlich gar nicht benachteiligt fühlt? Vielleicht verharrt Ihr nur deshalb so geduldig in der Pose der Entrechteten, weil Ihr wißt, daß es in Wirklichkeit die Herren sind, die Euch dienen?

Nein, wir Nicht-Gläubigen wollen Euch hier nicht mit psychologischen Spitzfindigkeiten kommen. Genausowenig wie wir antreten, um mit Euch die Wahrscheinlichkeiten der Existenz Eurer Schöpferin zu diskutieren. Schon der Begriff, mit dem wir uns bezeichnen, besagt ja, daß wir das Glauben an ein überirdisches Wesen für eine überflüssige Beschäftigung halten. Wir stellen zuweilen die eine oder andere Vermutung an, doch glauben können wir nur, was man beweisen kann – und etwas Beweisbares muß man ja schon nicht mehr glauben.

Doch eins darf man wohl sagen, ohne Euch zu nahe zu treten: daß kein Mensch fromm wird, um frei zu sein. Solange wir über unser Leben frei entscheiden, sind wir auch verantwortlich für alles, was mit uns geschieht. Schon das Planen einer Ferienreise bringt einen da in Schwierigkeiten: Wenn ich fliege, kann ich abstürzen; wenn ich das Auto nehme, kann ich in einen Unfall geraten; wenn ich im Zug reise, muß ich über alle diese Brücken …

Der Glaube an eine Macht, die uns beobachtet und lenkt – und zwar zu unserem Besten –, erlöst uns ein für allemal aus diesem Dilemma. Was ich auch anstelle – ein Klügerer hat mich ferngesteuert. Für einen gläubigen Menschen ist jede Brücke die von Thornton Wilders San Luis Rey: Wann immer er sie betritt, es ist genau der richtige Augenblick gewesen.

Und hier kommen wir zu Euch und Euren Würdenträgern – den Priestern, Bischöfen, Kardinälen, Päpsten. Wenn das Leben nach einer fremden (göttlichen) Werteskala das Ideal eines gottsuchenden Menschen ist, dann hat es in Eurer Kirche, in jeder Kirche, immer der am besten, der am wenigsten entscheiden muß – der mit der geringsten Freiheit. Und das ist dann eben letzten Endes der gläubige Laie.

Der Priester lebt zwar ebenfalls nach den Regeln

seiner Kirche, doch es gibt immer wieder Ausnahmen, die nicht in seinem Gesetzbuch stehen, und hier entscheidet er dann letztlich doch nach seinem eigenen Gewissen. Noch mehr Freiheit ist dem Bischof aufgebürdet, noch mehr dem Kardinal. Und am schlechtesten ist aus dieser Perspektive natürlich der Papst selber dran, der neben der Verantwortung für das Schicksal von Abermillionen Menschen auch noch das Stigma der Unfehlbarkeit zu tragen hat. Für einen einigermaßen sensiblen Menschen bedeutet also ein Kirchenamt nicht nur Macht, sondern auch Verantwortung für all jene, über die er nun kraft seines Amtes frei entscheidet. Und vielleicht wollt Ihr diese Verantwortung gar nicht haben?

Wer weiß, Ihr Katholikinnen aller Länder, vielleicht ist da nichts, um dessentwillen wir Euch bedauern müßten? Vielleicht protestiert Ihr nur darum nicht gegen die Verhältnisse in Eurer »Männerkirche«, weil Ihr diese nicht als eine Kirche der Männer empfindet? Vielleicht seht Ihr in Eurer Catholica eine Art gigantischer Servicestation, in der der männliche Teil der Gemeinde den weiblichen bedienen muß, und habt darum das, was Ihr in dieser Kirche gesucht habt, längst gefunden – ein Maximum an Bequemlichkeit?

»Was soll ich nur tun, Hochwürden – so raten Sie mir doch!«

»War das nun richtig, Monsignore, oder war es eine

Sünde – wie soll ich das schon wissen, ich bin doch nur eine einfache Frau!«

»Daß ich schwanger bin, ist doch nicht meine Schuld! Unser Bischof hat es erst in seiner letzten Predigt wieder erwähnt: Die Pille ist einer Katholikin verboten!«

»Abtreibung? Ausgeschlossen! Dafür käme ich in die Hölle, sagt unser Papst!«

Ja, nicht wahr, ihr Lieben: Was immer geschieht, Ihr müßt niemals selber denken. Ihr habt immer ein reines Gewissen.

Und dann gibt es auch noch das Gewissen der anderen Seite – das Eurer Männer und Söhne und vielleicht sogar das von Liebhabern. Denn diese schwarzgewandeten Herren wachen ja nicht nur über die Moral der weiblichen Laien, sondern auch über die ihres eigenen Geschlechts. Und diese Moral kommt Euch in vielen Fällen sicher auch heute noch sehr gelegen:

»Ich habe da diesen Jungen kennengelernt, Hochwürden. Der mit der Brille, der manchmal mit mir in der Messe war, Sie haben ihn bestimmt schon gesehen. Er hat gesagt, daß er mich heiraten wird. Und jetzt hat er mich sitzenlassen – in diesem Zustand!«

»Padre, mein Mann betrügt mich! Sie müssen mir helfen, ich flehe Sie an!«

»Lieber Monsignore, wenn mein Mann das nächste Mal zur Beichte kommt, könnten Sie da nicht ein paar

Worte mit ihm reden? Ich meine, wir sind doch beide in einem gewissen Alter. Sollte er da nicht ein bißchen … ruhiger werden? Sie wissen schon, was ich meine …«

Natürlich könnte auch eine schwarzberockte Dame ein verirrtes männliches Schaf auf den Pfad der Tugend zurückgeleiten. Doch das hätte vielleicht einen Beigeschmack von Weiberwirtschaft, von Geklüngel und Parteilichkeit. Klingt es nicht besser, wenn ein Mann einem Jüngling sagt, daß er dieses oder jenes Fräulein nach seiner Entehrung zu heiraten habe? Wirkt es nicht überzeugender, wenn ein Mann Eurem Gatten mitteilt, daß er von dieser oder jener Blondine zu lassen habe, weil seine Ehe vor Gott geschlossen und somit unauflösbar ist?

Und wenn Ihr den Vater Eurer nunmehr erwachsenen Kinder noch immer um Euch duldet (als Freund, Ernährer oder ganz einfach aus christlicher Barmherzigkeit), es jedoch lästig findet, daß der Euch nach wie vor unkeusch zu berühren wünscht, laßt Ihr ihm durch Euren Mittelsmann sagen, daß Sexualität ohne Absicht der Fortpflanzung Sünde ist. Und schon habt Ihr Euren Frieden.

Wer weiß, Ihr Katholikinnen aller Länder, vielleicht ist Euch die Männerherrschaft in Eurer Kirche gar nicht so unrecht, wie wir Außenstehenden meinen, denn sie scheint ja auch ihre guten Seiten zu haben.

Falls das so ist, hätten wir an Euch eine einzige, erste und letzte Bitte: Gebt eine öffentliche Erklärung ab. Damit wir, Eure nicht-katholischen Schwestern, uns nicht länger für Euch entrüsten müssen. Damit all die Herren und Damen in den Medien, all die Zeitungsmacher und Zeitungsleser, die sich um Euch sorgen, nicht jedesmal in Aufruhr geraten, wenn Euer Oberhirte versichert, daß Ihr Frauen – außer geistlichem Beistand natürlich – in seiner Kirche nichts zu suchen habt. Schon gar keine Ämter. Wer von Euch dem Herrn aufopferungsvoller dienen will, kann ja nach wie vor ins Kloster gehen. Warum eine Päpstin, wenn es bereits die Äbtissin gibt?

Diese Erklärung könnte vielleicht folgendermaßen lauten:

»Wir, die Katholikinnen aller Länder, möchten hiermit der besorgten Weltöffentlichkeit ein für allemal versichern, daß wir keinen Wert auf Gleichberechtigung in unserer Kirche legen und unseren Ausschluß von den kirchlichen Ämtern nicht als Diskriminierung unseres Geschlechts betrachten. Wir respektieren die Entscheidung unseres Papstes, da diese von Gott gelenkt und somit unfehlbar ist.

Und deshalb bitten wir die restlichen Bürger dieser Erde, sich nicht länger in Angelegenheiten einzumischen, von denen sie als Nicht-Katholiken nichts verstehen können. Wir, die katholischen Frauen, sind mit unserer jetzigen Situation absolut einverstanden, entspricht diese doch dem Willen und der Weisheit des Herrn.«

Doch eine solche Erklärung ist ja bis zum heutigen Tag von Euch nicht gekommen. Und bei jeder neuen Demütigung setzt in Euren Reihen wieder dieses verhaltene Gejammer an, dieses vorsichtige Sticheln gegen die Privilegien der Gegenseite, dieses tapfere Mutmachen zu christlicher Geduld, die dann eines Tages schon ihre Früchte tragen werde. Denn mahlen Gottes Mühlen nicht langsam aber stetig?

Und solange das so ist, müßt Ihr Euch schon fragen lassen, warum um Himmels willen Ihr Euch das alles gefallen laßt. Warum sich Euer Feminismus mit der Rolle des Gespenstes begnügt. Warum Ihr nicht handelt.

Wir wurden so erzogen, hören wir Euch jetzt sagen. Doch diese Ausrede hättet Ihr Euch eigentlich sparen können. Wir, die Nicht-Katholikinnen, sind ja ebenfalls Frauen: Die weiblichen Tricks, die weiblichen Ausflüchte, wir kennen sie alle.

Ihr wurdet also dazu erzogen zu denken, daß Jesus Christus Euch für Menschen zweiter Klasse hält, richtig? Ausgerechnet einer wie er, der sich zu einer Zeit, in der schon die Unterhaltung mit der Frau eines anderen als Verstoß gegen die guten Sitten galt, ostentativ mit Frauen umgeben hatte? Und diese Frauen um Christus sind keine passiven Hörerinnen gewesen. Er hatte nicht nur Jünger, sondern auch Jüngerinnen – Damen der Gesellschaft wie Johanna, die Frau eines

Beamten des Herodes, und andere, die seine Sache »mit dem, was sie besaßen« unterstützten (Lk 8,3). Frauen waren die ersten, die dann später seine Auferstehung verkündeten: »Sie … berichteten alles den Elf und den anderen Jüngern«, heißt es bei Lukas (24,9)[1].

Selbst wenn Ihr dazu erzogen wurdet, diesen Mann als einen zu sehen, der den Frauen ihr Recht auf Gleichheit aberkannte, hättet Ihr Euch also informieren und ändern können. Ihr seid doch auch in anderen Bereichen zum Umdenken bereit: Das Auto wird erfunden, und Ihr laßt Eure Fahrräder stehen. Das Telefon wird erfunden, und Ihr hört auf mit dem Briefeschreiben. Wenn die Röcke kürzer werden, beginnt nach einer Weile auch Ihr Eure Knie zu zeigen. Wenn blonde Strähnchen in Mode kommen, rennt auch Ihr, die Katholikinnen, zum Friseur.

Zudem müßte die Ausrede von der Erziehung dann auch für die andere Seite gelten. Denn auch die Männer wurden ja erzogen. Zum Beispiel dazu, sich selbst für wichtiger zu halten als unsereine. Und von wem wurden sie so erzogen? Von uns doch, den Müttern! Bis zum heutigen Tag stellen wir die »Bezugspersonen« für beide Geschlechter – jene, die laut Psychologenmeinung die Maßstäbe setzen, nach denen wir ein Leben lang denken und handeln. Falls uns keiner dabei stört.

Und darum geht es: Ihr, die Katholikinnen, müßt sie, die Katholiken, endlich zu stören beginnen! Ihr müßt handeln!

Und sagt jetzt nicht, daß das gefährlich wäre. Ihr seid nicht in der Lage der Frauen des Islam. Diese zum Handeln aufzufordern käme dem Aufruf zu einem Blutbad gleich, weil sie sich buchstäblich in der Gewalt ihrer religiösen Führer befinden.

Doch Ihr, die Katholikinnen der demokratisch regierten Länder, was würdet Ihr denn mit einem Protest riskieren? Würde man Euch in Verliesen verschwinden lassen wie Eure mutigen Schwestern von Anno dazumal? Würde man Euch von schwarzvermummten Bestien foltern lassen wie zu Zeiten der Inquisition? Würde man Euch auf Scheiterhaufen verbrennen, damit Ihr nicht mehr hexen könnt? Würde man Euch den Löwen zum Fraß vorwerfen?

Wir werden Euch sagen, was Ihr im Fall einer Auflehnung riskieren würdet: nichts. Nicht einmal Exkommunikation. Denn Ihr seid ja in dieser Kirche in der Mehrheit. Und wie könnte ein Verein auf die Mehrheit seiner Mitglieder verzichten? Verratet uns das!

Natürlich werden es die Herren der Kirche im Fall des Falles zunächst mit den bewährten Methoden versuchen. Und natürlich kommt ihnen da als erstes ein Appell an Eure Mütterlichkeit in den Sinn. Euer Papst hat ihnen ja vorgeführt, wie man hier argumentiert: Wenn Ihr Frauen nun auch noch nach Ämtern und Würden strebt, was wird dann aus der Familie? Sind Eure Aufgaben daheim nicht hundertmal wichtiger als das, was Ihr draußen vollbringen könntet? Ist das Lächeln eines Kindes nicht tausendmal beglückender als ein Titel? Unsere Welt steht vor einem Abgrund, die Menschheit versinkt in einem Morast von Unmoral und Sünde. Und da wollt ausgerechnet Ihr, die Mütter, von Ämtern träumen?

Entgegnet hierauf besser nicht, daß die Herren doch sähen, wohin es geführt hat, daß jahrhundertelang allein die Mutter für die Familie zuständig war. Könnte der Abgrund, vor dem wir nun stehen, nicht dadurch mitverursacht sein, daß es daheim keine Väter gab? Man könnte es nach dieser gigantischen Fehlentwicklung doch wenigstens einmal mit einer Umkehrung *versuchen*? Wer weiß, ob der Morast nicht weniger wird, wenn sich der Mann um die Familie kümmert. Anstatt seinen Aggressionstrieb zu pflegen, müßte er hier seine sanfte Seite fördern; anstatt Geld zu machen, würde er einen Säugling füttern. Und seit Erfindung der künstlichen Muttermilch ist das schließlich kein Problem.

Nein, mit solchen Argumenten würdet Ihr sie noch mehr durcheinanderbringen: Die Mutter ist die Sanfte, der Vater der Harte – so haben sie es in der Kindheit von uns gelernt. Statt dessen ist es geschickter, sie mit den eigenen Waffen zu schlagen und beispielsweise anzuführen, daß diejenigen unter Euch, die geistliche Ämter nicht nur fordern, sondern auch belegen werden, gar keine Mütter sind. Daß Ihr durchaus bereit seid, hier zu den Bedingungen der Männer anzutreten, die nach der

Entscheidung für die geistliche Laufbahn ja ebenfalls ledig bleiben. Während Ihr predigt, werden zu Hause keine Kinder weinen, weil Ihr keine habt.

Daraufhin werden sie Euch über das Funktionieren der männlichen Sexualität belehren. Für eine Frau sei es relativ einfach, sich in solchen Dingen zu beherrschen, weil ihr Verlangen weniger fordernd ist. Für einen Mann hingegen sei der im Interesse seiner Liebe zu Gott verlangte Verzicht auf die Liebe zu Frauen eine Tortur. Und diese wolltet Ihr nun auch noch dadurch verschärfen, daß in den Priesterseminaren junge Männer und junge Frauen gemeinsam die Schulbank drücken? Ihr Frauen könntet Euch ja nicht vorstellen, was das für diese armen Jünglinge bedeuten würde: Welcher Mann könnte der Sünde noch widerstehen, wenn man ihn stündlich in Versuchung führt? Kennt Ihr denn kein Erbarmen?

Auch darauf solltet Ihr ihnen nicht mit »weiblicher Logik« kommen: An die Möglichkeit getrennter Seminare haben sie wohl auch selbst schon gedacht. Ihr solltet ihnen auch nicht den Vorschlag machen, die gemischten Priesterschulen als göttlichen Prüfstein zu nutzen, weil so ja noch während des Studiums die Spreu vom Weizen geschieden würde und danach feststünde, welcher Aspirant wirklich das Zeug zu ewiger Keuschheit hat – was wiederum seiner Kirche eine Menge Skandale ersparen würde, usw.

Denn eigentlich geht es ihnen gar nicht um die sexuelle Unversehrtheit der aufstrebenden Gottesdiener, sondern um ihre sexistische Politik. Sie möchten in ihrem Herrenklub einfach keine Damen sehen, nicht einmal in der harmlosen Rolle der Angetrauten. Mit der Jungfrau Maria und der Mutter Theresa ist für sie die katholische Frauenquote ein für allemal erfüllt.

Und darum solltet Ihr ihnen nun um Himmels willen nicht sagen, daß ihre Sorgen über den Zölibat überflüssig seien, weil Ihr, einmal am Ruder, diese Einrichtung ohnehin abschaffen würdet. Ihr dürft nicht vergessen, daß gerade unter den Männern der Kirche viele Sexualneurotiker sind. Auch für sie ist die Kirche ein Ort der Zuflucht, aber nicht vor den fleischlichen Versuchungen der Welt, sondern vor den fleischlichen Pflichten, die sie draußen zu erfüllen hätten. Ihre rettende Insel in der Gewalt von Priestern und Priesterinnen, die an keinerlei Reinheitsgelübde gebunden sind? Das wäre doch genau das, wovor man seinerzeit geflohen ist ... Und wohin ist man geflohen? Von Sodom nach Gomorrha!

Nein, der Zölibat müsse sein, werdet Ihr sagen. Für die Ehre eines solchen Amtes solle eine Frau nicht auf das bißchen Sex verzichten können? Das wäre doch gelacht! Zudem könne die enthaltsam lebende Priesterin dem Heer der unkeuschen jungen und unbefriedigten alten Frauen schon durch ihr Beispiel zeigen, daß es auch ohne Männer geht. Und ob es nicht anstößig sei, daß die Katholikin sich ausgerechnet in solch heiklen Fragen bis jetzt mit männlichen Priestern zu besprechen hat?

Doch in der Kleiderfrage werde es Euch auf keinen Fall stören, wenn die Herren Priesterkollegen weiterhin beim bewährten Schwarzrock bleiben. Wenn es denn sein soll, habt Ihr dafür in Eurer Kirche gerne die Hosen an.

Als nächstes werden sie daraufhin massivere Geschütze auffahren. Sie werden Euch anhand der Bibel und der Ergänzungen der Kirchenväter *beweisen*, daß Frauen schon darum nicht Priester werden können, weil es so *geschrieben* steht. Damit kommt die seit zweitausend Jahren bewährte und immer weiter verfeinerte Methode der Dokumentenfälschung ins Spiel.

Denn es steht *nicht* so geschrieben – nicht in Dokumenten, deren Echtheit von der modernen kritischen theologischen Forschung anerkannt wird. Und darum hilft Euch hier nichts anderes, als Euch zu informieren, Ihr Katholikinnen aller Länder, nicht oberflächlich, sondern gründlich. Ihr müßt wissen, was dieser oder jener Bibelspruch an Auslegungsmöglichkeiten birgt, was aus diesem oder jenem Apostelbrief weggelassen wurde, welches frauenfeindliche Zitat durch Übersetzungsfehler verursacht ist und wo es sich um gezielte Fälschung handelt. Fälschung zu keinem anderen Zweck als diesem: Euch, die katholischen Frauen, aus jenen Ämtern fernzuhalten, auf die Ihr Anspruch habt.

Denn eigentlich sagen sie Euch in dieser Sache nur in einem einzigen Punkt die Wahrheit: Jesus Christus hat keine Frauen zu Priestern geweiht, und wenn er weibliche Priester gewünscht hätte, so hätte er es wohl getan. Doch gleich danach beginnt schon der Schwindel, da sie eben hinzuzufügen vergessen, daß Christus auch keine Männer zu Priestern geweiht hat, und wenn er männliche Priester gewünscht hätte ... Doch dieser Christus wünschte ja überhaupt keine Priester. Dieser Christus wünschte ja nicht einmal eine Kirche zu gründen – keine Ortskirche, keine Landeskirche, keine Weltkirche. Alles, was dieser Mann wollte, war ein bißchen mehr Gerechtigkeit bei dem, was um ihn herum passierte. Ein bißchen weniger Gemetzel. Und so vorsichtig man auch mit seinen Bibelworten umgehen muß, da man diese erst siebzig Jahre nach seinem Tod zu notieren begann (und zwar waren die Chronisten Männer, die ihn nicht einmal gekannt hatten), kommt doch eins klar bis in unsere Zeit herüber: daß Christus den Frauen seiner Umgebung dieselbe Achtung entgegenbrachte wie den Männern. Falls er eine nach ihm benannte Kirche gegründet hätte (schon dies eine Unterstellung), wäre er niemals auf die Idee verfallen, den weiblichen Mitgliedern dieser Kirche das Predigen seiner Lehre zu untersagen. Wer es wagt, hier das Gegenteil zu behaupten, betreibt Rufmord an einem Toten.

Die Textfälschungen der katholischen Kirche beginnen schon im Frühchristentum, nehmen bald immer mehr überhand, und die Behauptung, es habe im Mittelalter fast ebensoviele unechte Urkunden, Annalen, Chroniken gegeben wie echte, ist kaum übertrieben, wobei in Europa die Betrüger bis ins Hochmittelalter fast durchweg Priester sind. Ungezählte Kleriker und Mönche verschafften damals durch falsche Diplome oder durch die Verfälschung von echten Dokumenten ihrer Kirche politische, wirtschaftliche, rechtliche Vorteile, kurz: Geld, Macht, Ruhm[2].

Das Meisterstück dieser Gaunereien war freilich die sogenannte Konstantinische Schenkung, eine auf den Namen Konstantins I. gefälschte Urkunde aus dem 8. Jahrhundert, in der dieser angeblich dem Papst Silvester I. die Stadt Rom und die gigantische Westhälfte des Römischen Reiches übertrug. Der auf diese Weise erschwindelte Besitz wurde einer der wesentlichen Grundsteine des Reichtums der katholischen Kirche. Doch es dauerte noch bis zum 19. Jahrhundert, ehe diese ihr in der Kriminalgeschichte der Menschheit einmaliges Gaunerstück öffentlich eingestand.

Auch in der Absicht, die Frauen aus den kirchlichen Ämtern fernzuhalten, war Eurer Kirche zu jeder Zeit ihrer Geschichte jedes Mittel recht. Nur mit dem Unterschied, daß man hier die Manipulationen bis heute nicht wirklich zugeben mußte – warum auch, der geschädigte Teil hat ja niemals Einspruch erhoben!

Eine Fälschung ist zum Beispiel ein dem Papst Soter (166–ca.174) unterschobenes Schreiben, der sogenannte 2. pseudoisidorische Brief, der besagt: »Daß gottgeweihte Frauenspersonen oder Nonnen die heiligen Gefäße und die geweihten Linnen bei euch berühren, ist an den Apostolischen Stuhl berichtet worden. Daß dies alles volle Mißbilligung und Tadel verdient, bezweifelt keiner von denen, die das Rechte verstehen. Deshalb erklären wir auf Grund der Autorität dieses Heiligen Stuhles, daß ihr dies alles so schnell wie möglich beseitigt und so verhindert, daß sich diese Pest nicht über alle Provinzen verbreitet.« Diese Fälschung wurde von dem Kirchenrechtler Gratian um 1140 als päpstliche Äußerung zitiert und erhielt dadurch bis in die Gegenwart große Bedeutung. Sie hat ihren Teil dazu beigetragen, daß nicht nur die »Pest« der Nonnen, sondern die aller Frauen am Altar durch alle Jahrhunderte bis auf den heutigen Tag bekämpft wird[3].

Eine weitere Fälschung: Eine Frau namens Junia, von Paulus als »angesehener Apostel« bezeichnet (Röm. 16,7), wird von den Kirchenschreibern im Lauf der Jahrhunderte in einen Mann namens Junias umfunktioniert. Denn eine solche Frau durfte es natürlich nicht geben.

Ein irreführendes Zitat: Bei dem beliebten Vers aus dem Epheserbrief (5,22) »Die Frauen sollen sich ihren Männern unterordnen« läßt man regelmäßig den Hauptsatz weg, in dem steht, daß die Männer sich ihren Frauen ebenso unterordnen sollen (»Ordnet euch einander unter in der Furcht Christi«, Eph. 5,21).

Ein irreführendes Zitat und zugleich der Kirchenmänner liebstes Pauluswort steht im 1. Korintherbrief (14,34): »Die Frau hat in der Versammlung [d. h. in der Kirche] zu schweigen«. Irreführend darum, weil die Herren stets unterschlagen, daß im selben Brief (Kap. 11,5) derselbe Paulus vom öffentlichen Predigen der Frau in der Kirche redet, und zwar wie von einer Selbstverständlichkeit, die keiner weiteren Erklärung bedarf. Wie auch immer das Wort vom Schweigen zu verstehen ist – der Erklärungsversuche gibt es eine unendliche Vielzahl (es sei eine spätere Einfügung, die nicht von Paulus selbst stamme, oder nur das »Dazwischenreden«, also die Unordnung sei gemeint, denn das gleiche Schweigen werde einige Verse davor (14,27–30) auch von den Männern verlangt usw.) –, jedenfalls ist es nicht so einfach und uneingeschränkt frauenfeindlich zu verstehen, wie sie es gerne hätten.

Frauen waren zunächst bei der Ausbreitung der jungen Kirche aktiv beteiligt. Paulus berichtet (1. Kor. 11,5), daß Frauen genau wie Männer im Gottesdienst predigten. Frauen, zum Beispiel Phöbe, waren Diakone (Röm. 16,1 f.); Diakon einer Gemeinde nennt Paulus auch sich selbst (Kol. 1,25). Zum Dienst des Diakons gehört (nach Kol. 1,28) das Lehren. Auch Frauen namens Prisca, Tryphäna, Tryphosa und Persis hatten in dieser frühen christlichen Kirche hohe Ämter. Doch sie alle wurden dann von der Herrenriege im Lauf der Jahrhunderte unter den Teppich gekehrt.

Informiert sein ist hier also alles. Wer einmal lügt, dem glaubt man nicht, dekretieren die Kinder. Die Kirchenväter haben nicht nur einmal gelogen. Sie haben gelogen, gefälscht und verschwiegen, wann immer es ihnen nützlich schien – nützlich für ihren Anspruch auf Alleinherrschaft in *Eurer* Kirche.

Und falls sie in ihrem weiberfeindlichen Raritätenkabinett wirklich einmal ein echtes weiberfeindliches Dokument aufstöbern sollten, erklärt Ihr es schlicht für unzeitgemäß. Etwa so unzeitgemäß wie das biblische Zinsverbot, an das sich in dieser Kirche ja auch keiner mehr hält. Niemand hat je davon gehört, daß die bischöflichen Darlehenskassen und päpstlichen Banken unter Berufung auf die Heilige Schrift die Entgegennahme von Zinsgeldern verweigerten.

Natürlich werden sie nun nicht mehr davor zurückschrecken, ihr schärfstes Geschütz aufzufahren. Von ihren Kanzeln herab werden sie Euch das göttliche Strafmaß für Eure Aufmüpfigkeit verkünden: Frauen, die geistliche Ämter begehren, verstoßen gegen die Gesetze des Herrn. Und darauf stehen Fegefeuer, Hölle und Verdammnis. Bis in alle Ewigkeit, Amen.

Hier befindet Ihr Euch nun an der schwierigsten Klippe Eures Vorhabens. Für uns Außenstehende ist es unbegreiflich, daß jemand wirklich an solche göttlichen Strafen glauben kann, wo wir doch heutzutage schon in der Schule lernen, daß es vorwiegend die sozialen Umstände sind, die den »Sünder« fabrizieren. Und dann ein Gott, der sich an die Rampe stellt und selektiert: Der da fürs Fegefeuer, der da fürs Paradies? Wie soll ein Christ seinen Weg in die ewige Seligkeit genießen können, wenn vielleicht sein Nächster – den er dank seines Glaubens nun endlich so lieb hat wie sich selbst – in jenes ewige Auschwitz transportiert wird?

Doch bei Euch ist das wohl etwas anderes. Euch haben sie seit frühester Kindheit mit solchen Schauermärchen in Schach gehalten. Und als Ihr dann später an der Hand Eurer Eltern erstmals in Eure Kirche gegangen seid, hat es dieser schwarzgekleidete Mensch da vorn mit drohender Stimme bestätigt: Ein einziges Vergehen gegen die Gebote des Ewigen, und Ihr landet in Seinem ewigen Rotisseriebetrieb. Wie sollt Ihr da als Erwachsene bei solchen Einschüchterungen einen kühlen Kopf bewahren?

Doch gerade dies ist Voraussetzung für Eure Revolte. Und darum müßt Ihr nun an das denken, was Euch Eure Kirchenherren außerdem noch über ihren himmlischen Vorgesetzten verkündet haben:

Gott ist Liebe.
Gott ist Erbarmen.
Gott ist Gerechtigkeit.
Vor Gott sind alle Menschen gleich.

Na also. Und somit auch Männer und Frauen, nicht wahr? Somit auch sie und Ihr. Und falls Ihr mit Eurem Protest tatsächlich eine Schuld auf Euch laden solltet, wird Gott Euch diese selbstverständlich zu vergeben wissen, da Er – bzw. Sie – ja auch Verzeihen ist.

Wie anders könnte Sie an Euch handeln? Wenn Sie

alles ist und alles erschaffen hat, dann hat Sie ja auch Euch, die Katholikinnen, erschaffen. Und natürlich auch uns, die anderen – ob Euch dies paßt oder nicht. Wenn das Glauben eine Gnade ist, wie Ihr behauptet, dann muß ja Sie es sein, die uns diese Gnade verweigert. Und warum wohl? Nun, vielleicht damit Ihr nicht betriebsblind werdet? Damit Ihr nicht im Chor mit Euren Führern behauptet, Euer Ausschluß von den kirchlichen Ämtern geschehe auf Ihr Geheiß. Ja, vielleicht wollte sich Gott mit der Erfindung des Zweiflers gegen die Diffamierung durch Ihre eigenen Anhänger verteidigen, die Ihre Worte offenbar auslegen, wie es ihnen paßt?

Doch zurück zu Euch, den Hauptpersonen: Wenn Ihr wirklich eine Schöpfung Eurer Allmächtigen seid, dann gehen nicht nur Eure Intelligenz, Euer Temperament und Euer Aussehen auf Ihr Konto, sondern auch Euer Charakter – und zwar mit allen seinen Stärken und Schwächen. Euch nicht vergeben hieße, daß Sie sich selbst nicht vergibt. Und zwar ausgerechnet dafür, daß nun auch die Frauen Ihrer Kirche das Bedürfnis haben, Ihr als Priesterinnen zu dienen.

Ja, Ihr Katholikinnen aller Länder: Falls Ihr Gott wirklich und wahrhaftig als Eure Schöpferin betrachtet, gibt es keine Möglichkeit Euch einzuschüchtern. Seht den Männern in den Roben fest in die Augen und verkündet mit ruhiger Stimme, daß sie sich ihre Angstmacherei ersparen können. Vielleicht führt ihr Herr einen höllischen Zweigbetrieb – Eure Dame ist nicht fürs Feuer, das wißt Ihr genau.

Und dann folgt der ganz konkrete, mutige, entschlossene Kampf um Eure Rechte und Pflichten.

Ein Kampf, lächelt Ihr. Womit sollten wir katholischen Frauen denn kämpfen? Wir haben keine Medienmacht, keine Waffen, keine Soldaten, keine Kasernen …

Jetzt sind wir es, die lächeln:

Ihr habt keine Macht in den Medien? Außer den katholischen Blättern und der Rundfunkstation des Vatikan stehen Euch die Zeitungen, Radio- und Fernsehsender der ganzen Welt für Euren Kampf zur Verfügung. Die Journalisten warten doch nur auf ein Zeichen von Euch!

Ihr habt keine Waffen? Die Waffen seid Ihr selbst! Ihr seid in Eurer Kirche die Mehrheit – und mit dieser Mehrheit könnt Ihr, ohne daß ein Tropfen Blut vergossen wird, alles erreichen, was Ihr Euch vornehmt.

Ihr habt keine Soldaten? Die Soldaten seid Ihr! Die abermillionen Glaubensschwestern in allen Ländern der Erde sind Euer Heer.

Und Kasernen habt Ihr natürlich auch: Nutzt die Frauenklöster, geht zu den Nonnen! Dort könnt Ihr Euch nach Lust und Bedürfnis versammeln, beraten, ermutigen, verstecken. Dort könnt Ihr Eure Einsätze planen, Eure Strategien abstimmen, Eure Fehler korrigieren. Verkündet den züchtig verhüllten Klosterschwestern das Ende ihrer ach so bequemen Bescheidenheit: Mit dem Leben als kirchliches Anhängsel sei es vorbei.

Konkret stehen Euch für Euren garantiert unblutigen Kreuzzug folgende Strategien zur Verfügung:

Protest
Ihr könnt auf die Straße gehen und mittels Kundgebung und Protestmarsch die öffentliche Meinung mobilisieren.

Gerichtliche Klage
Ihr könnt vor Gericht ziehen und Eure Institution auf Sexismus verklagen. Sollen sie sich auf ihre gefälschten Dokumente berufen! In demokratisch regierten Ländern werden ihnen nicht einmal echte Dokumente helfen, da Euer Ausschluß aus einem ganzen Berufszweig aufgrund Eurer Geschlechtszugehörigkeit gegen das Gesetz verstößt. Wo Eure Kirche Staatszuschüsse erhält, könnte man diese so lange aussetzen, bis sie die Chancengleichheit für weibliche Berufsanwärter gewährleistet.

Boykott und Bestreikung
Ihr könnt den Besuch der katholischen Gottesdienste so lange verweigern, bis Eure Führung verbindlich erklärt, daß in Eurer Kirche ab sofort auch Frauen einen Anspruch auf die Ausübung geistlicher Ämter haben – und zwar einschließlich dem Amt des Papstes. Zu diesem Zweck könnt Ihr nach dem Vorbild der Gewerkschaften Streikposten vor den Portalen Eurer Gotteshäuser postieren, die allen Frauen den

Zutritt verwehren. Dies wird den Wankelmütigen, Feigen und Eingeschüchterten die selbständige Entscheidung ersparen: Es ist dann nicht so, daß sie nicht in ihre Kirche wollten – man hat sie nicht hineingelassen. Und selbstverständlich werdet Ihr während dieser Zeit Eure Kirchen auch nicht für private Zeremonien nutzen: Trauungen, Taufen und Totenmessen verschiebt Ihr auf die Zeit nach dem Sieg der katholischen Frauen.

Wirtschaftssanktionen

Mit dieser Taktik wurde die Apartheid in Südafrika zur Strecke gebracht – sie taugt auch für Eure Sache. Vor allem dann, wenn Ihr sie in Kombination mit anderen Maßnahmen verwendet. Da es heute vor allem Frauen sind, die die Kirchen füllen, wird sie der Ausfall Eurer Geldspenden empfindlich treffen. Eure zugunsten Eurer Institution gemachten Testamente werden erst dann Gültigkeit erlangen, wenn Frauen zum Priesteramt zugelassen sind. In Ländern, wo die Zahlung von Kirchensteuer Vorschrift ist, werdet Ihr diese so lange aussetzen, bis Ihr Eure Ziele erreicht habt. Der Ausfall von Einnahmen für private Zeremonien wird Eure Kirche zusätzlich schwächen. Diese hat ja ein Heer von Angestellten zu bezahlen, und Rücklagen für den Fall der Bestreikung sind nicht vorhanden, da nach zweitausend Jahren weiblicher Unterwürfigkeit niemand mit einer solchen Möglichkeit rechnen mußte.

Gründung einer Gegenkirche
Auch diese Möglichkeit steht Euch offen – die Gründung einer katholischen Kirche der Frauen. Hierzu müßtet Ihr einen Teil Eurer Gotteshäuser besetzen und Euren eigenen Klerus ernennen – weibliche Priester, Bischöfe, Kardinäle, von denen wiederum letztere aus ihren Reihen auf traditionelle Weise die erste Päpstin zu küren haben.

Ja, Ihr Katholikinnen aller Länder: Falls es Euch wirklich ernst sein sollte mit Eurem Willen zur Macht, falls Ihr wirklich eine Männer- und Frauenkirche wünscht, so gibt es Kampfstrategien in Hülle und Fülle. Nur zu einer haben wir Euch absichtlich nicht geraten – zum Austritt aus Eurer Kirche. Denn dies ist ja tatsächlich *Eure* Kirche. Sie gehört nicht den Herren in den prunkvollen Kleidern, nicht dem Mann im römischen Palast. Sie gehört den Männern und Frauen, die sich ihr angehörig fühlen, den Katholiken und Katholikinnen dieser Erde.

Natürlich haben etliche von Euch zuweilen den Gedanken an Übertritt zu einer der übrigen christlichen Glaubensvarianten erwogen. Doch der Protestantismus ist Euch zu nüchtern, und bei den Orthodoxen würdet Ihr vom Regen in die Traufe kommen. Auch die diversen christlichen Sekten sind in der Regel fest in männlicher Hand.

Nein, dies ist der Glaube, in dem man Euch erzogen

hat. Ihr liebt die Rituale und Zeremonien dieser Kirche, Ihr mögt ihre Messen, ihre Gebete, ihre Gesänge, Ihr fühlt Euch in ihr beschützt, sie bietet Euch Halt und die Hoffnung auf ein ewiges Leben. Was Euch an ihr stört ist einzig die Art, wie sie ihre weiblichen Gläubigen behandelt. Und dieses Detail könnt Ihr ändern.

Während der Zeit des Kampfes sollten nicht einmal die von Euch austreten, die es längst – und aus ganz anderen Gründen – beschlossen hatten. Dies ist nicht die Zeit, seine Kirche zu verlassen. Dies ist die Zeit zu bleiben, die Zeit der Solidarität. Austreten kann man später.

Sobald Ihr dann zu handeln begonnen habt, werdet Ihr staunen, wie schnell dieser zweitausendjährige Koloß in Bewegung gerät. Die erst kürzlich erfolgte Frauenrevolte bei den Anglikanern in Großbritannien hat es Euch vorgeführt: Nur eine Minderheit der Hirten hat diese Kirche verlassen, als ihre weiblichen Schafe es endlich wagten, dort einzumarschieren. Und natürlich sind ihnen auch ein paar der besonders erfolgreich abgerichteten Schäfchen gefolgt. Wohin? Nun, in den Schoß Eurer, der katholischen Kirche, wo man die Abtrünnigen erwartungsgemäß mit offenen Armen empfangen hat.

Bei Eurer Revolte wird es nicht einmal diese paar Abtrünnigen geben. Denn wohin wollten die Weiberfeinde sich flüchten, wenn es keine weiberfeindlichen Kirchen mehr gibt? Zu den Orthodoxen einstweilen noch, zu den christlichen Sekten. Und dann? Nein, die

Mehrzahl der Priester wird ein wenig herumdiskutieren, ein bißchen schmollen und danach weitermachen, als sei nichts geschehen. Natürlich werden sie darum beten, daß ihnen ihr im Augenblick noch männlicher Erzbischof nicht ausgerechnet eine von Euch vor die Nase setzt. Falls aber doch, so wäre dies Gottes Wille, nicht wahr?

Und dann dürft Ihr nicht übersehen, daß sich viele der unteren Chargen ohnehin längst auf Eurer Seite befinden und lediglich zu feige sind, um sich offen zu Euch zu bekennen: Auch der kleine Geistliche hängt an seinem Amt. Bei den Armeleutepriestern (den wenigen echten) gibt es schon heute keine Vorurteile gegen weibliche Kollegen – hier ist der Gedanke von der Gleichheit aller Menschen tatsächlich Religion. Und die Zölibatsgegner würden sich vielleicht sogar die Rettung von Euch erhoffen: Man kennt doch die Frauen – sogar eine Priesterin wird im Grunde ihres Herzens lieber verheiratet sein, wollen wir wetten?

Ja, Ihr Katholikinnen aller Länder – wollen wir wetten, daß Ihr diese Sache ganz schnell hinter Euch bringt?

Schön wär's, sagt Ihr jetzt. Aber was passiert mit den oberen Instanzen – den Bischöfen, Kardinälen? Wie wird sich der Mann in Rom zu der Sache stellen? Der stirbt doch lieber, ehe er den Anblick einer Frau in Priesterkleidern erträgt – da ist doch alles Bitten vergeblich!

Bitten? Katholikinnen aller Länder, dieses Wort komme Euch nie wieder über die Lippen – nicht in diesem Zusammenhang. Ihr *fordert.* Ihr *verlangt.* Wenn dieser Papst für Bitten empfänglich wäre, so wärt Ihr in Eurer Kirche längst gleichgestellt. Er und seine zweihundertachtundsechzig Vorgänger sind daran schuld, daß Ihr, die weiblichen Gläubigen, nun in der peinlichen Lage seid, ihm, dem Unfehlbaren, einen Irrtum nachzuweisen, und etwas einklagen müßt, was für einen wirklichen Christen selbstverständlich wäre: die Abschaffung des Sexismus in der katholischen Kirche.

Natürlich wird er sich zunächst sträuben. Sich nach bewährter Manier hinter liebevollen Floskeln verbarrikadieren. Doch wenn er dann wirklich sicher ist, daß Ihr in dieser Angelegenheit nicht nachgeben werdet – niemals und unter welchen Umständen auch immer –, gibt er seinen Widerstand auf. Notfalls tut es sein Nachfolger, nachdem die durch Eure weltweiten Aktionen eingeschüchterten und um ihre Macht bangenden Kardinäle in einem geheimen Schnellverfahren seinen Rücktritt aus gesundheitlichen Gründen erzwungen haben.

Doch vermutlich ist dieser Umweg nicht einmal nötig: Auch ein Papst liebt sein Amt. Das Wahrscheinliche ist, daß er Eure Sache in einem PR-trächtigen Überraschungscoup zu seiner eigenen macht und sich Eurer »erbarmt«. Er wird sich auf die Brust schlagen, dreimal *mea culpa* sprechen und dann vor laufenden Kameras eigenhändig die erste Priesterin, die erste Bischöfin, die erste Kardinalin weihen. Und sehen, daß es gut war.

aber es war nicht gut. Nicht gut genug für Euch, die Katholikinnen aller Länder. Der nächste Papst muß aus Euren Reihen kommen, fordert Ihr jetzt. Denn Euer, der Katholikinnen Ziel, wird erst erreicht sein, wenn sie, die Katholiken, beim Aufsteigen des weißen Rauchs nicht mehr auf Anhieb wissen, was man(n) jubeln muß: *Habemus Papam ...? Habemus Papessam ...?*

Erst dann ist Euer heiliger Krieg gegen diese Kirche beendet. Weil erst dann Gerechtigkeit in ihr waltet, zumindest in diesem Punkt.

Und laßt Euch hier nicht auf Versprechungen ein: Inzwischen habt Ihr dazugelernt und wißt, wessen sie fähig sind. Laßt es Euch schriftlich geben. Bestätigt von einer weltlichen Instanz.

Und wenn es dann soweit ist, könnt Ihr selbstverständlich auch *Habemus Mamam* jubilieren. Das bestimmt allein Ihr.

jawohl,
Ihr Katholikinnen aller Länder,
Ihr faules, bequemes Pack,
Ihr duckmäuserisches Weibsgesindel,
Ihr Dinosaurier unseres Geschlechts,
Ihr Trittbrettfahrer unseres Kampfes,
Ihr Schandfleck des Feminismus,
Ihr Gebetsbanktäter des Sexismus:
Ihr sollt Euch jetzt aufraffen, habt Ihr gehört?
Ihr sollt Euch jetzt endlich vereinen!

Seit der Geburt Eures Befreiers sind fast zweitausend Jahre verstrichen, und wenn Ihr so weitermacht, befindet Ihr Euch auch nach weiteren zweitausend Jahren noch in der jetzigen Demutstellung!

Denn da geht wahrhaftig eher ein Kamel durch ein Nadelöhr, als daß ein Papst der katholischen Kirche eine Frau zum Priester weiht – freiwillig.

Veränderungen

Nun seid Ihr am Ziel.
Nun habt Ihr die Macht.

Und was stellt Ihr jetzt damit an?

Denn Ihr habt doch wohl diese gigantische Sache nicht nur ins Rollen gebracht, um von nun an dasselbe von den Kanzeln zu predigen wie vor Euch die Herren?

Es ging Euch doch nicht nur darum, den feministischen Segen auszuteilen: *In nomine matris, et filii, et spiritus sancti …*

Haben wir recht?

Ja, Ihr Damen in den frischgeschneiderten Priesterroben. Dies ist Eure Chance. Nicht nur Eure, auch unsere. Nicht nur die der Frauen, auch die der Männer, der Kinder, der Alten. Es ist die Chance der ganzen Welt – die Ihr, jawohl Ihr, nun verändern könnt!

Denn Ihr seid ja die mit der weißen Weste, nicht wahr? An wem immer sich Eure Kirche in diesen zweitausend Jahren versündigt hat – und weiß Gott, daß sie sich in ihrem Macht- und Goldrausch wenig entgehen ließ –, Ihr wart zwar dabei, aber Ihr hattet ja nicht das Sagen!

Mulier taceat in ecclesia hatte Paulus (nach männlicher Leseart) in seinem 1. Korintherbrief befohlen: In *seiner* Kirche und der Kirche seiner Herren Nachfolger hatte das Weib zu schweigen. Und genau das tatet Ihr all diese zweitausend Jahre. Und gerade dies ist jetzt Euer Glück. Eures? Unseres! Das Glück der ganzen Welt könnte es werden, daß das Weib in dieser Kirche zu schweigen hatte!

Denn da Ihr zu schweigen hattet, habt Ihr, die Katholikinnen aller Länder, jetzt weder die Kinderkreuzzüge noch die Inquisitionsfoltern, die Hexenverbrennungen, die Judenverfolgungen oder die Indianerausrottung auf dem Gewissen, das ist ja wohl klar.

Da Ihr zu schweigen hattet, konntet Ihr weder mit Hitler oder Mussolini, mit Franco, Salazar, den philippinischen Generälen noch mit den argentinischen Juntas kollaborieren. Denn Ihr seid zwar die Mehrheit gewesen, aber eben die *schweigende* Mehrheit.

Ihr habt ihnen vielleicht zugeschaut, zugeredet, zugejubelt, habt mit strahlenden Augen *Viva el Caudillo, Viva il Duce* und *Heil Hitler* gerufen. Doch die offiziellen Aufrufe kamen dann eben von ihnen: Es war Pius XI., der den italienischen Katholiken Mussolini als den Mann empfahl, »den uns die Vorsehung gesandt«. Es war Pius XII., der Franco nach der Niederringung der spanischen Republik zu seinem »von der katholischen Kirche so ersehnten Sieg« gratulierte und ihn dann ohne Einspruch noch ein paar hunderttausend weitere Spanier liquidieren ließ – denn hatte der Mann nicht versprochen, »die alten katholischen Traditionen« wiederherzustellen?

Derselbe Papst war es auch, der seinen deutschen Schäfchen mit seiner ganzen Unfehlbarkeit erklärte, daß Adolf Hitler das legale Oberhaupt der Deutschen sei und jeder sündige, der ihm den Gehorsam verweigere. Und während draußen an den Kleidern der »Undeutschen« die gelben Sterne zu leuchten begannen, beteten es in den deutschen Kathedralen *alle* deutschen Bischöfe nach. Damit ja kein Stimmungswechsel aufkommen konnte, adelte das römisch-katholische Oberhaupt den »Führer« nach siebenjähriger Terrorherrschaft dann gleich noch einmal und flehte brieflich »den Schutz des Himmels und den Segen des allmächtigen Gottes« auf das Monstrum herab[4].

Doch da Ihr in Eurer Kirche zu schweigen hattet, konntet Ihr natürlich auch in diesem Fall nichts sagen. Und seid nun herrlicherweise die mit der weißen Weste. Die mit den sauberen Händen. Die letzte und einzige Hoffnung einer Kirche, die sich während ihrer zweitausendjährigen Geschichte immer und immer auf die Seite der Reichen und Mächtigen schlug und im Namen eines Menschen wieder und wieder an Abermillionen schuldig wurde.

Und diese Zeiten sind nun dank Eurer Revolte vorüber. Denn jetzt seid *Ihr* da. Jetzt habt *Ihr* das Sagen. Nicht ganz natürlich – nicht ganz und nicht gleich. Doch da Ihr in diesem Verein siebzig Prozent der Mitglieder stellt, werdet Ihr – falls es Euch mit dieser neuen Verantwortung wirklich ernst ist – früher oder später auch bei der Entscheidung über die Vereinspolitik in der Mehrheit sein, nicht wahr?

Und deshalb nun unsere aufgrund der blutigen Vergangenheit Eurer Kirche wohl allzu berechtigte Frage: *Was habt Ihr vor?*

Auf welche Art wollt Ihr das Leben Eurer fast eine Milliarde zählenden und meist an der Armutsgrenze vegetierenden Anhänger ein wenig menschlicher machen?

Wie stellt Ihr es an, mit dieser gigantischen Macht so umzugehen, daß sie für uns andere nie wieder gefährlich wird?

Wie könnt Ihr den Katholizismus als Waffe entschärfen, ohne ihn als Religion zu vernichten?

Wie wollt Ihr diesen verrotteten Konzern wieder glaubwürdig machen und seinen Klerus zu den Idealen jenes Mannes zurückgeleiten, dem er zu verdanken ist?

Mit welcher Strategie wollt Ihr Eure Kirche *rechristianisieren*?

O nein, Ihr Katholikinnen aller Länder, ganz so naiv sind wir nicht: Keine von uns hat ernsthaft damit gerechnet, daß Ihr Eure Kirche nach dem Amtsantritt Eurer ersten Päpstin *liberalisieren* werdet. Ein Katholizismus, der liberal ist, wäre kein Katholizismus mehr, das wißt Ihr so gut wie wir. Und so sehr uns, den anderen, an der Schwächung Eures Imperiums gelegen sein könnte: Ihr, die neuen Fürstinnen, seid nicht an die Macht gekommen, um Eure Kirche aufzulösen.

Wir sagten es bereits an früherer Stelle: Kein Mensch kommt in eine Kirche, um *frei* zu werden. Wenn ihm die Gnade des Glaubens vergönnt ist, wird er sich von nun an frei *fühlen* – frei von der Verantwortung für sein Schicksal, das ja jetzt in der Hand seines Gottes liegt. Doch eigentlich ist dieses neue Glück das Gegenteil dessen, als das er es schildert: Der Bekehrte hat nicht die Freuden der Freiheit entdeckt, sondern die Lust an der Unfreiheit.

Einen freien Gläubigen kann es darum per definitionem nicht geben, er wäre ein Widerspruch in sich selbst. Und eine freizügige Kirche wäre eine unbrauchbare Kirche: Die Mitglieder wenden sich von ihr ab und gehen dorthin, wo man ihnen wieder strenge Vorschriften macht. Man könnte sie also genausogut schließen.

Was werdet Ihr also tun, Ihr frischberobten Schwestern? Was *könnt* Ihr tun, wenn Ihr Eure Kirche reformieren wollt, ohne Eurer Religion den Garaus zu machen?

Um hier eine Strategie zu entwerfen, müssen wir uns zunächst einmal darüber im klaren sein, warum wir Menschen – und zwar fast alle – Götter brauchen und beten wollen. Und so sehr wir uns auch bemühen, werden wir hier immer wieder auf die drei ewig gleichen Gründe kommen. Vermag doch der Glaube an ein allmächtiges Wesen die drei schrecklichsten unserer Ängste zu mildern:

Die Angst vor der Sinnlosigkeit des Lebens.
Die Angst vor der Endgültigkeit des Todes.
Die Angst vor der Freiheit.

Das Gebet verstärkt die Illusion, daß dieser Glaube irgendwie gerechtfertigt sein könnte: Wenn man niederkniet, kommt Demut auf; wenn man den Kopf neigt, spürt man die Bereitschaft zum Gehorchen; wenn man seinen Kummer ausspricht, hat dies sogar dann beruhigende Wirkung, wenn kein Zuspruch und keine Hilfe zu erwarten sind und der andere nicht einmal richtig zuhört. Der Psychoanalytiker kann sich dank dieser Effekte seinen Lebensunterhalt verdienen.

Von diesen drei Ängsten ist die Angst vor der Sinnlosigkeit des Lebens noch die harmloseste, weil sie vor allem unserer Eitelkeit zu schaffen macht. Wenn alles sinnlos ist, dann sind es ja auch wir, und gerade diesen Gedanken kann ein Eitler schwer ertragen. Der Glaube an ein höheres Wesen wird ihm helfen, stilisiert er ihn doch zur unentbehrlichen Figur in einem gigantischen Manöver, dessen Zweck man ihm gerade wegen seiner Wichtigkeit noch nicht verraten kann.

Für einen gläubigen Menschen wird jeder persönliche Rückschlag zur Chiffre eines schmeichelhaften Codes: Man wird erniedrigt, um erhöht zu werden, und die Ersten werden ohnehin die Letzten sein. Und auch seine Leiden machen auf einmal Sinn: Es sind Prüfungen, mit denen sein Schöpfer feststellt, ob er seiner Liebe würdig ist und ob es sich lohnt, ihn von den Leiden zu erlösen.

Für die Mehrheit der phantasiebegabten Menschen ist die Angst vor dem Tod aber weitaus verstörender. Wie gern wären sie sinnlos, wenn sie dafür wenigstens hundert Jahre länger bleiben dürften. Gerade fängt man an, sich hier ein bißchen einzuleben, und schon soll man wieder fort?

Und wohin, wenn man fragen darf? – Ins Nichts.
Und für wie lange? – Für ewig.
Und mit wem? – Allein.

Ja, Ihr Katholikinnen aller Länder, die Angst vor dem Tod ist die entsetzlichste von allen. Das wißt Ihr so gut wie wir.

Und dieser Angst vor dem Tod folgt auf dem Fuß die vor dem Leben, die zugleich die Angst vor der Freiheit ist. Die Ungebundenheit, mit der wir über Glück und Unglück dieser entsetzlich kurzen Spanne zu bestimmen haben, versetzt uns in Panik: Wenn wir über unser Leben frei entscheiden, sind wir ja auch verantwortlich für alles, was mit uns passiert! Sollte dafür nicht ein Klügerer zuständig sein, einer mit ein bißchen mehr Überblick?

O ja, wir reden von der Freiheit. Wir schwärmen von der Freiheit. Wir kämpfen für die Freiheit. Wir betrügen, foltern und morden für die Freiheit. Wir lassen uns für sie foltern, und notfalls sterben wir auch für sie. Doch mit der Freiheit *leben* – von Jahr zu Jahr, Tag zu Tag, Stunde zu Stunde *frei* entscheiden, was mit uns selbst geschehen soll –, das eben wollen wir nicht.

Was wir uns wirklich wünschen, ist nicht Freiheit, sondern Unterwerfung. Trotz unserer großartigen Reden ist nicht Unabhängigkeit unser Traum, sondern totale, wenn auch *frei gewählte* Abhängigkeit von Vorschriften, die andere für uns aufstellen: unsere Partner, unsere Firma, unser Astrologe, unsere Gruppe, unsere Partei, unsere Sekte, unsere Kirche.

Und nur, wenn diese Vorschriften unsere Gier nach Abhängigkeit nicht mehr befriedigen – wenn sie zu lasch werden –, werden wir uns daraus »befreien«. Doch nie, um frei zu bleiben: Wir nehmen die neu gewonnene Freiheit und tragen sie dorthin, wo man sie uns am gründlichsten wieder abnimmt und uns wieder genau sagt, was wir tun und lassen sollen.

dumm? Nein, für dumm halten wir Euch nicht, Ihr Katholikinnen aller Länder. Wir wissen, wie oft Ihr das heute hören müßt: Religion sei etwas für die Dummen, die Armen im Geiste, usw. Aber von uns sagt das niemand. Es sind die Atheisten, die so reden – jene, die sich aus der Verneinung der Existenz Gottes eine Religion gezimmert haben. Und die nun, genau wie die Frommen der diversen Konfessionen, die Dummheit beim jeweils Andersgläubigen vermuten – denn die intelligente These, die haben ja sie selbst! Doch eigentlich hätte natürlich nur ein Gott genügend Überblick über das Universum, um die Nichtexistenz Gottes zu proklamieren. Wir tappen im Dunkeln und müssen uns daher die Nichtwissenden, Ungläubigen, Agnostiker nennen.

Und wir meinen, daß es gerade die Intelligenten, Phantasievollen, Sensiblen sind, die die Kirche am meisten brauchen, denn das sind ja die mit der meisten Angst. Der Dumme fühlt sich in seiner Freiheit wohl. Er verfügt gar nicht über genügend Phantasie, um sich die Folgen seiner Taten auszumalen. Und auch der Gedanke an den Tod wird ihn nicht schrekken: Er kann sich nicht vorstellen, daß es *ihn* eines Tages nicht mehr geben soll.

Nach dem Sinn des Lebens wird er sich sowieso nicht fragen: Seine Handlungen erhalten in der Erfüllung seiner Komfortgelüste einen unmittelbaren Sinn, und der genügt ihm. Das Religionsbedürfnis des Intelligenten ist ihm also fremd. Sollte es trotzdem einmal auftreten, befriedigt er es umgehend an sich selbst: Es liegt im Charakter des Dummen, daß er imstande ist, die eigene Person hemmungslos zu bewundern. Notfalls ist er einfach sein eigenes Idol.

O nein, Ihr Lieben, *so* haben wir das nicht gemeint: Daß der Dumme nicht viel Talent zum Frommsein hat, heißt nicht, daß wir, die Außenstehenden, in Euren Gotteshäusern ausschließlich intelligente Leute vermuten.

Auch der Dumme geht in seine Kirche. Doch sucht er dort weniger den Schutz des (unsichtbaren) Hirten als den der (sichtbaren) Schafe. Er weiß, daß es von Vorteil ist, zu einer möglichst großen Herde zu gehören. Und damit die anderen begreifen, daß man einer der ihren ist, müssen sie einen möglichst häufig bei der gleichen Beschäftigung sehen – beim Knien und beim Beten.

Auch mit den Glaubensinhalten hat der Dumme kein Problem. Einem gescheiten Menschen würde es beinah noch leichter fallen, an die Existenz des Ungeheuers von Loch Ness zu glauben als an die eines überirdischen Wesens. Doch wenn er seine Angst beschwichtigen will, muß er es trotzdem mit letzterem versuchen. Das Wort Gottes ist ihm dabei eher Hindernis: Solange er nicht zum Fanclub gehört, ist ihm die Bibel ein Einschüchterungsversuch voller poetischer Widersprüche. Auf die berühmte einsame Insel ginge er jedenfalls lieber mit Melvilles *»Moby Dick«* als mit dem Werk des gepriesenen Autorenkollektivs. Und dennoch muß gerade er dann oft in letzterem seine Richtlinien finden.

Der Dumme hat mit alldem keine Schwierigkeiten: Aber natürlich werden die Ersten die Letzten sein, warum auch nicht? Selbstverständlich wird einem dieser Herrgott dann eines unendlich fernen Tages die Pforten seines Paradieses öffnen. Denn erstens hat man ja nun jahrelang zu ihm gebetet, und zweitens hat er es auch noch schriftlich gegeben, nicht wahr?

Mit anderen Worten: Der Beschränkte erfüllt beim Beten eine Pflicht, der Gescheite befriedigt ein Bedürfnis. Der Beschränkte glaubt, weil er es nicht besser weiß, der Gescheite glaubt wider sein besseres Wissen. Denn je größer die Phantasie, desto schrecklicher die Angst und desto stärker die Notwendigkeit, den Strohhalm zum rettenden Balken zu idealisieren.

Doch zurück zu Euch, den neuen Fürstinnen, die Ihr nun aus diesem maroden Unternehmen das Feinste vom Feinen machen wollt. Aus dem Gesagten ergibt sich, daß bei allen Euren Reformbemühungen notgedrungen die Nachfrage das Angebot bestimmen wird. Wenn Ihr Eure Kirche verändern wollt, ohne Eure Religion zu vernichten, bleibt Euch nichts anderes übrig, als in Euren Tempeln die drei Standardängste Eurer Klientel zu bedienen und Euren bereits überzeugten oder noch zu überzeugenden Anhängern folgende Serviceleistung zu bieten:

1. Erklärung für den Sinn ihres Lebens,
2. Verheißung eines Fortdauerns nach dem Tod,
3. Gebote für christliches Verhalten, auf deren Übertretung Strafe steht.

Dabei ist Punkt 1 von Euren männlichen Vorgängern bereits optimal geregelt: Etwas Gescheiteres als die Ausrede mit dem Examen (daß unsere Leiden im Diesseits Prüfungen sind, mit deren Hilfe Gott erkundet, wer des Jenseits würdig ist) ist kaum denkbar. Besonders hartnäckigen Fragern werdet Ihr nach wie vor zur Antwort geben, Gottes Wege seien nun einmal wunderbar und mit dem menschlichen Verstand nicht zu erfassen. Und darum eben auch nicht mit Eurem, nicht wahr?

Auch Eure Einstellung zu Punkt 2 ist weder reformbedürftig, noch wäre sie überhaupt reformfähig gewesen. Selbst wenn es der einen oder anderen von Euch Frischgekürten peinlich sein sollte: Ohne die Verheißung eines ewigen Lebens kommt kein Priester über die Runden. Denn im Grunde ihres Wesens sind Kirchen – und zwar alle – Überlebensversicherungskonzerne: Gegen Gehorsam im Diesseits erhält der Gläubige ein Weiterleben im Jenseits zugesichert.

Und dieser Gehorsam auf Erden bedeutet für Euch, die schwarzberobten Versicherungsmakler, eben nicht nur Macht über Eure fast eine Milliarde Schafe und die vielen Schäfchen, mit denen sie Euren Machtbereich ständig vergrößern, sondern auch Absicherung Eurer materiellen Existenz. Wenn die Mitglieder Eurer Kongregation nicht so entsetzliche Angst vor dem Vergehen hätten, würden sie nicht für Euren Fortsetzungsroman bezahlen, und Ihr, die Erzähler, säßet auf der Straße.

Wes Brot ich ess', des Lied ich sing: Auch in bezug auf Punkt 2 muß also alles beim alten bleiben.

Der einzige Spielraum für Reformen ist bei der dritten Angst gegeben, der vor der Freiheit. Denn der Fromme fordert von seiner Kirche wohl strenge Verhaltensregeln, doch deren Inhalt scheint ihm ziemlich egal zu sein: Hauptsache, er darf sich unterwerfen. So kann der eine Konzern das Gebot aufstellen, daß man sich fünfmal am Tag in eine bestimmte Himmelsrichtung zu verneigen hat, der andere das Verschleiern des Gesichts vorschreiben, der dritte die lebensrettende Bluttransfusion verbieten, der vierte die Profanierung des Samstag oder den Genuß von Schweinefleisch zur Sünde stilisieren. Wichtig ist, daß die jeweiligen Gebote anders sind als die der Konkurrenz, weil der Gläubige sonst nicht weiß, warum er ausgerechnet bei dieser Gesellschaft versichert ist.

Hier könnt Ihr also ansetzen, wenn Ihr Eure Kirche erneuern wollt. Denn selbst wenn Ihr die Gebote als solche nicht *abschaffen* könnt, so könnt Ihr sie doch *austauschen* – gegen andere, die sinnvoller, humaner und somit eben letzten Endes auch christlicher sind als die, die Ihr heute habt.

Und da kommt Euch nun gerade jenes Dogma zustatten, das die Progressiven in Euren Reihen nach Einführung der klerikalen Frauenquote – die ja bei Eurer Mehrheit einer weiblichen Machtübernahme entspricht – als erstes aufheben möchten: das Dogma von der Unfehlbarkeit Eurer Päpstin.

Katholikinnen aller Länder: Wenn Eure Religion überleben soll, wenn sie Euch wirklich heilig ist, ist dieses Gesetz das einzige, das Ihr *nicht* austauschen könnt. Denn falls Ihr Eure überalterten Gebote durch neue ersetzen wollt, braucht Ihr ja eine Instanz, die die Vollmacht hat, neue Gebote abzusegnen – und zwar so, daß sie für Eure Anhänger unbezweifelbar sind. Und da Euer Gott Ihren Sohn wohl nicht noch einmal zur Erde schickt (als liebender Mutter hat Ihr die erste Erfahrung genügt) und auch der Heilige Geist sich bis heute nicht blicken ließ, bleibt für diese Aufgabe nur Eure Päpstin – die Ihr darum weiterhin als Gottes Stellvertreterin auf Erden und als die Unfehlbare bezeichnen solltet.

Eure Progressisten machen immer wieder den Fehler, weltliche Politik mit kirchlicher gleichzusetzen. Doch auch wenn es beiden Seiten um Macht geht, haben Staat und Kirche ihre Macht den genau entgegengesetzten Mechanismen zu verdanken, da der Bürger von seiner Regierung ein Maximum an Freiheit und von seiner Konfession ein Maximum an Unfreiheit wünscht. Auch hier ist der Kunde König: Beim Staatsgeschäft verursacht die *Abschaffung* der Demokratie früher oder später den Tod der Regierung, beim Religionsgeschäft ist es die *Einführung* der Demokratie, die den Tod der Konfession mit sich bringt.

Und nur darum ist es so wichtig, daß beide Mächte streng voneinander getrennt bleiben: Während die Kirche mit ihren Geboten für das Quantum Unfreiheit sorgt, das wir zum Leben brauchen, hat der Staat darüber zu wachen, daß dabei unsere Freiheit nicht verlorengeht – das heißt, daß unsere Unterwerfung unter Eure Gebote freiwillig bleiben und man jene, die sie Euch verweigern, nicht verfolgt. Dank der Religionsfreiheit kann die Unfreiheit des Frommen heute immer Lust sein: Kirchendiktatur begänne dort, wo ihm diese Lust vergangen wäre und er trotzdem beten müßte. Doch solche Zustände werdet Ihr, die Katholikinnen aller Länder, ohnehin nicht dulden. Haben wir recht?

Von allen Euren Dogmen müßt Ihr also nur das von der Unfehlbarkeit Eurer Päpstin beibehalten, weil Euch gerade dieses in die Lage versetzt, alles übrige zu verändern. Und auch wenn wir hier versprochen haben, uns nicht in die Interna Eures Glaubens einzumischen (uns interessieren die Externa, seine Wirkungen nach außen, weil diese so häufig lebensgefährlich für uns sind), können wir als Frauen doch nicht umhin zu spekulieren, welche Eigenheiten Eurer Religion Euch (als Frauen) am meisten stören, an welche Reformen Ihr als erstes denkt.

Wir nehmen an, daß sich Eure Debatten hier zunächst auf folgende Punkte konzentrieren werden:

- Abschaffung der Androhung der Höllenstrafe,
- Abschaffung der Geschichte vom Sündenfall,
- Abschaffung des Märchens von der Unbefleckten Empfängnis und der Jungfräulichkeit der Gottesmutter,
- Abschaffung des priesterlichen Zwangszölibats.

Beginnen wir beim ersten Punkt, der Höllendrohung, schon weil er sich am leichtesten durch ein neues Konzept ersetzen läßt.

Natürlich kommt keine Religion ohne einen Katalog von Strafen aus: Auch wenn der Gläubige sich den Geboten seiner Kirche freiwillig unterwirft, möchte er doch, daß Übertretungen Konsequenzen für ihn haben. Die Lehre, die unsere Psychologen aus dem Scheitern der antiautoritären Erziehung zogen, gilt auch für die Konfessionen: In einem System, dessen Grenzen man nicht kennt, fühlt man sich zu wenig geborgen. Hier wäre der Gläubige dann letzten Endes doch sein eigener Maßstab und somit in jene Freiheit zurückgeworfen, vor der er sich in diese Kirche geflüchtet hat.

Und gerade für dieses Bedürfnis Eurer Anhänger ist Eure Konfession besser gerüstet als die übrigen – und das ist wohl auch das Geheimnis, weshalb sie sich trotz ihrer fast zweitausendjährigen Kriminalgeschichte nicht nur gehalten hat, sondern auch noch stetig gewachsen ist. Durch eine genaue Definition dessen, was Sünde ist, ein ausgeklügeltes System zur Feststellung ihrer Größenordnung, den brillanten Einfall mit der regelmäßigen Beichte, den zur Verfügung stehenden Bußvarianten und durch die handfesten Einschüchterungsmöglichkeiten in Religionsunterricht und Sonntagspredigt seid Ihr hier allen anderen Religionen überlegen.

Nur die Drohung mit der Hölle, in die man nach der ganz großen Sünde, der sogenannten Todsünde, kommen soll, die geht Euch zu weit. Denn mit der ist ja nun wirklich kein Staat zu machen: Auch wenn Ihr das heute alles nicht mehr so eng seht, wißt Ihr doch, wie

Ihr als Kinder unter dieser Aussicht gelitten habt, wie Euch die Vorstellung von Flammen und Teufeln in die Träume verfolgte und bis zu welchem Grad Euch diese Furcht auch heute noch in den Knochen sitzt. Und darum geht es Euch nun gegen den Strich, diese Greuelgeschichten auch noch an die nächsten Generationen weiterzugeben.

Außerdem ist es schlecht für Euer Ansehen, wenn Ihr als Frauen – und somit als zumindest potentielle Mütter – kleine Kinder mit solchen Schrecken vom »Sündigen« abzuhalten sucht. Ob zu recht oder zu unrecht: Von einer Frau wird auch heute noch mehr Feingefühl erwartet als von einem Mann. Was man Generationen männlicher Seelsorger durchgehen ließ, würde bei weiblichen rasch abstoßend wirken. Dieser Punkt muß also reformiert werden.

Und das sollte eigentlich kein Problem sein. Zwar spricht die Bibel über siebzigmal von der ewigen Höllenstrafe, und auch Jesus Christus muß sich von seinem post mortem gegründeten Ghostwriterteam fünfundzwanzig entsprechende Zitate in den Mund legen lassen – so warnt er seine Anhänger vor dem »Wurm, der nicht stirbt«, dem »Feuer, das nicht erlischt«, der »ewigen Strafe« –, doch ein Dogma ist die Sache mit der Hölle bei Euch nicht.

Obwohl die Höllenordnung Bestandteil sowohl der katholischen als auch der protestantischen Orthodoxie ist, obwohl damit sechzig Generationen in Schach gehalten wurden und der im Auftrag von Papst Pius V. herausgegebene »Römische Katechismus« nachdrücklich ankündigt, daß die Gottlosen »in das ewige Feuer« verstoßen seien und dabei Qualen erlitten »wie bei Schlägen und Geißelstreichen oder bei anderen Arten schwerer Leibesstrafen, unter welchen die Martern des Feuers ohne Zweifel das größte Schmerzgefühl verursachen«, zumal es eben »immerwährende Zeit hindurch fortdauern wird« und die Verdammten sich »niemals von der Gesellschaft der verworfensten Teufel loszureißen vermögen«, ist die Höllenstrafe in Eurer Kirche zu keiner Zeit ein verfestigter Glaubenssatz gewesen[5]. Fortschrittliche Geistliche können sich deshalb in diesem Punkt auch heute schon guten Gewissens mit Andeutungen begnügen. Und darum wird diese Drohung für Euch dann um so leichter zu streichen sein.

Nicht ersatzlos natürlich: Vor *etwas* müssen Eure Anhänger sich fürchten, wenn sie drauf und dran sind, eine *Eurer* Todsünden zu begehen. Wie wäre es daher, wenn Ihr den Begriff ganz wörtlich nähmt und ihnen ankündigtet, daß der Katholik und die Katholikin mit der Todsünde ihren Anspruch auf das ewige Leben verwirken? Daß sie also, genau wie die Gottlosen, einen Tod mit wirklich tödlichem Ausgang erleiden werden, wenn sie auf diese Weise sündigen? Da das Weiterleben im Jenseits der wichtigste Anreiz für die Mitgliedschaft in einer Kirche ist, sollte dies in der heutigen Zeit als Strafandrohung völlig genügen. Meint Ihr nicht auch?

Jetzt zur Sache mit dem Sündenfall, an dem Euch, die neuen Geistlichen, vor allem Gottes Macho-Gehabe stört: Zuerst verbietet Er einer nackten jungen Frau das Apfelessen, und nachher prüft Er mit Hilfe eines Reptils, ob sie Ihm wirklich hörig ist. Und nach verpatztem Examen vertreibt er dann nicht nur die Ungehorsame nebst ihrem ebenfalls unbekleideten Ehemann aus seinem Garten Eden, sondern straft auch noch alle Nachkommen des prominenten Obstesserpaars: Denn nach dem Mundraub jener mehr als entfernten Verwandten sind wir ja nun allesamt mit der Erbsünde behaftet!

Nein, sagt Ihr: Diese Geschichte muß entweder auf einer der üblichen Fälschungen beruhen oder gleich auf einer ganzen Serie von Übersetzungsfehlern. Wenn unser Gott ein Mann ist, wäre Er damit auf ewig als kleinkarierter Haustyrann abgestempelt, und falls Sie eine Frau ist, wäre diese Version noch blasphemischer, da Sie sich – indem Sie eine der unsrigen absichtlich in Versuchung führte – auch noch gegen das Prinzip der weiblichen Solidarität vergangen hätte. Die Sache muß vom Tapet!

Doch hier wird es schwierig. Denn da gibt es ja das Sakrament der Taufe, das die Menschen vom Fluch dieser Erbsünde reinigt. Wenn Ihr Evas Apfel abschafft, müßt Ihr auch die Taufe streichen, da es dann ja kein Verbrechen mehr gäbe, von dem ein Neugeborenes zu reinigen wäre: Die kleinen Kinder kämen unschuldig zur Welt.

Natürlich wissen wir, daß vielen von Euch auch

diese Taufe nicht geheuer ist: Da vermachen Euch frischgekürte Eltern die Seelen ihrer neugeborenen Kinder, damit Ihr nicht auf die Idee kommt, ihnen selbst die Überlebensversicherung zu entziehen. Mit der Begründung, man müsse es vor Schlimmerem bewahren, liefern sie das hilfloseste aller Geschöpfe in einem düsteren Gebäude einem wasserspritzenden Fremden aus – der nun eben immer häufiger eine der Euren ist, eine Frau. Sollte man nicht lieber warten, bis dieses Kind in der Lage ist, selbst zu denken und selbst zu entscheiden, ob es den Glauben seiner Eltern will? Ist die psychische Vergewaltigung kleiner Kinder einer christlichen Kirche würdig?

Nun, würdig ist sie wohl nicht, aber sicherlich praktisch, ist doch das Taufen gleich nach der Geburt die effizienteste Art der Mitgliederrekrutierung, die ein Verein in seinen Statuten verankern kann. Sagt doch: Wie viele dieser Kinder würden noch katholisch werden, wenn Ihr mit dem Taufen warten würdet, bis sie erwachsen sind? Es ist offensichtlich, daß Euch hier der Spatz in der Hand mehr bringt als die Taube auf dem Dach.

Es wäre also äußerst unklug, auf das Sakrament der Taufe nur darum zu verzichten, weil Euch die Begründung durch die Erbsünde nicht behagt. Allenfalls könnte man überlegen, ob man nicht diesen Grund ein wenig überarbeiten sollte. So ließe sich etwa die Sache mit dem Apfel verstärken: Wenn die Frucht, von der Eva ihren Adam beißen läßt, zum Beispiel vergiftet wäre, wenn sie hier (gleich nach der ersten Schwängerung) den ersten Mord der Weltgeschichte beginge, wäre die Story zum einen spannender und zum andern perverser, und der Grund für die Taufe wäre wenigstens etwas plausibler. Doch damit wärt Ihr dann natürlich in der peinlichen Situation, eine der übelsten biblischen Rollen einer Frau zuweisen zu müssen ... Ihr habt hier also tatsächlich ein Problem. Und lösen könnt es allein Ihr, die neuen Herrinnen dieser Kirche.

begeben wir zum nächsten Problempaket, der Sache mit der Unbefleckten Empfängnis und dem Kult um die jungfräuliche Maria, die Euch als Feministinnen natürlich ein Dorn im Auge sind. Über die Jungfrau sind sogar wir Ungläubigen hinreichend informiert, doch bei der Unbefleckten Empfängnis handelt es sich im Gegensatz zur landläufigen Ansicht nicht um eine gynäkologische Ausnahmeregelung für die Befruchtung der Gottesmutter, sondern für die Mutter dieser Mutter: Sie bezieht sich nicht auf den Zeitpunkt, zu dem Maria empfangen *hat*, sondern zu dem sie empfangen *wurde*.

Diese Schachtelkonstruktion hielten ihre Erfinder, die Kirchenväter, aus folgendem Grund für nötig: Das Sakrament der Taufe befreit uns zwar von der Erbsünde – dem durch den Sündenfall Adams und Evas an alle Menschen vererbten Zustand der Ungnade vor Gott. Doch es befreit uns nicht von den Folgen dieses Zustands – von unserem angeborenen Hang zum Bösen. Und da nach ihrer Meinung ein Sohn des Herrn einen solchen Hang nicht besitzen durfte, mußte seine Mutter einerseits von jungfräulicher Mutter stammen und andererseits auch selbst jungfräulich sein, da ja auch der ihr angetraute Zimmermann mit dem Hang zum Bösen infiziert war. Und darum haben sie sich für eine Zeugung durch den Heiligen Geist entschieden, eine Schwängerung der Dritten Art sozusagen, bei der die Geschwängerte vor, während und nach der Prozedur stets jungfräulich blieb.

Eine umständliche Sache und außerdem ziemlich blasphemisch, nehmen die Erfinder ihrem Schützling Jesus damit doch jede realistische Möglichkeit, unser Vorbild zu werden. Wie sollte jemand sündigen, der mit einer solchen Reinheitsgarantie zur Welt gekommen ist? Wie hätte ein dermaßen elitär gezeugter Mensch je unehrenhaft handeln können? Wo bleibt hier das persönliche Verdienst Christi an all seinen christlichen Werken? Degradiert ihn diese Herkunft nicht zu einer Art Roboter der Menschlichkeit?

Doch offensichtlich glaubten Eure Vordenker, sie hätten mit diesem überirdischen Befruchtungsmanöver zwei Fliegen mit einer Klappe geschlagen: Christus, dem sie ihren Beruf verdankten, war so für immer der Sündenfreie. Wir anderen standen ihnen auf ewig als geborene Sünder und somit als immer neuer Nachschub für ihre Berufsausübung zur Verfügung.

Aber wenn wir es richtig sehen, stört Euch, die Nachfolgerinnen jener Koryphäen, an dieser Sache weniger die Uneleganz der Logik als die Sprachregelung, derer sie sich zu bedienen beliebten. Und tatsächlich könnte der Begriff »unbefleckt« nicht unglücklicher gewählt sein, erweckt doch diese Bezeichnung für die Schwängerung einer uns als Vorbild angepriesenen Geschlechtsgenossin unwillkürlich den Eindruck, daß wir übrigen unsere Kinder durch Befleckung empfangen und diese somit ihr Leben einem schmutzigen oder beschmutzenden Vorgang verdanken. Und in der Betonung der Jungfräulichkeit einer Zeugung seht Ihr wiederum eine Verächtlichmachung des Liebesakts, der in Euren Augen die Kunst der größtmöglichen Annäherung zweier Menschen und somit die heiligste aller weltlichen Handlungen ist.

doch diese Herabwürdigung des Sexuellen war eine von den Herren durchaus beabsichtigte Nebenwirkung, die im Lauf der Jahrhunderte unter Anleitung des Heiligen Augustinus zur wichtigsten Säule ihrer Macht geworden ist. Indem man dank der Erfindung der Reinen alle übrigen Frauen als unrein deklarieren konnte, hatte man ein einleuchtendes Argument, sie aus den kirchlichen Ämtern fernzuhalten: Es verstand sich von selbst, daß eine Befleckte an einem Altar nichts zu suchen hatte. Und wenn man zur Verunreinigung durch den männlichen Samen noch das Menstruations- und Wöchnerinnenblut addierte, ergab sich für unser Geschlecht ein ganz schönes Schmutzdossier. Es war doch wohl klar, daß eine menstruierende Frau nicht würdig sein konnte, den Kelch mit dem Blut des Herrn zu halten!

Noch mehr kam ihnen aber die Geschichte von der jungfräulichen Zeugung des Gottessohns zupaß. Denn mit ihr konnten sie nun die eine Enthaltsame zum christlichen Leitbild machen und alle nicht Enthaltsamen zu Schuldigen erklären und bekamen dadurch Sünder am laufenden Band geliefert. Nur für jene, die sich zum Zweck des Kindermachens liebten, konnte es mildernde Umstände geben: Für den abstinenten Sexualexperten Augustinus stand Jungfräulichkeit sittlich höher als die Ehe, und Ehe ohne Geschlechtsverkehr stand wiederum höher als Ehe mit Geschlechtsverkehr, der, sofern er nicht der Zeugung kleiner Katholiken diente, eine verabscheuungswürdige Tat war.

Und so ist es praktisch bis heute geblieben: Indem sie jeden Liebesakt, der nicht zum Zweck der Fortpflanzung unternommen wird, als Schuld verbucht, hat Eure Kirche praktisch die gesamte erwachsene Menschheit in den roten Zahlen. Noch am Ende des zweiten Jahrtausends spricht Johannes Paul II. vom »Ehebruch mit der eigenen Frau«.

Natürlich hätten Eure Kirchenväter ihre Tabus auch an anderen Freuden, wie etwa der Eßlust, verankern können – anstatt der sexuellen Verfehlung wäre dann heute vielleicht ein Übergewicht von zehn Kilo eine Todsünde. Doch erstens speisen geistliche Herren auch selbst gern üppig – und ein Bauch läßt sich schwerer verbergen als heimlicher Geschlechtsverkehr –, und zweitens vergrößert sich bei stetigem Verdammen von Gaumenfreuden wohl der Konsum an Lebensmitteln (nichts reizt den zur Diät Entschlossenen mehr zum Sündigen als ein Gespräch über Kochrezepte), aber nicht die weltweite Katholikengemeinde. Und dies hatte schließlich Priorität.

Im Gegensatz zu ihrer Behauptung ging und geht es Euren Hirten bei der Verteufelung des Sexuellen aber nicht um die sexuelle Enthaltsamkeit ihrer Schafe. Wo wäre hier ihr Gewinn? Von einer puritanischen Gemeinde kämen weniger Kinder – anstatt sich stetig zu erweitern, würde der katholische Machtbereich schrumpfen. Und auch als Einzelnen hätte man den Enthaltsamen nicht so gut in der Hand: Auf welche Absolution wäre er angewiesen?

Was man braucht, ist die sexuelle Verfehlung. Und um sie zu fördern, benötigt man jenes mit sexuellen Reizen geladene Klima, das zu Eurer Kirche gehört wie Orgelklang, Weihrauchduft und Kerzenschimmer. Denn das stetige Predigen sexueller Reinheit bewirkt schließlich nichts anderes als die stetige Erinnerung an die Freuden des Fleisches; die ständigen Indiskretionen im Beichtstuhl fördern eine gesteigerte Aufmerksamkeit für alle sündigen Gelegenheiten; die Gewißheit der später zu zahlenden Buße verleiht noch der harmlosesten Verfehlung ihren Glanz. Bis zu Eurer, der Katholikinnen, Einmischung ist in dieser Kirche die Beziehung zwischen Klerus und Gemeinde die zwischen Dealer und Süchtigem gewesen, und sämtliche Gebete zur Befreiung von niederen Gelüsten waren in Wirklichkeit eine Förderung solcher Gelüste und somit nichts anderes als eine katholische Variante der Pornographie.

Denn gerade auf dem Sektor der Erotik wirkt ja nichts magischer als Verbote. Wer nie mit einem Katholiken im Bett war, heißt es bei uns anderen, der habe keine Ahnung, was Sex sein kann. Nun, auch dies werdet Ihr, die Katholikinnen aller Länder, selbst am besten wissen.

Wir können verstehen, daß Ihr auch auf diesem heiklen Gebiet einiges reformieren möchtet, daß Ihr diese durch keine Lust befleckte Gottesmutter am liebsten für immer aus dem Tempel hättet. Es geht Euch gegen den Strich, daß die geplagten Menschenmütter Eurer Diözese auch in Zukunft bei diesem Zerrbild der Weiblichkeit – dieser Jungfrau *ante partum, in partu, post partum* – ihren Trost zu suchen haben. Ihr hättet ihnen lieber eine richtige Mutter geboten – eine, die ihr Kind unter den gleichen Strapazen zur Welt gebracht hat wie sie selber. Denn diese schmerzfreie Entbindung Marias war ja die himmlische Belohnung für ihre irdische Keuschheit gewesen, und ein Rezept fürs keusche Menschenmachen haben die gewöhnlichen Katholikinnen bisher nicht entdeckt. Was könnte diese Heilige von ihren Kümmernissen schon begreifen? Welche Erziehungsprobleme hat man mit einem Sohn, der gar nicht mißraten *kann*?

Und natürlich hättet Ihr gerade hier die Tatsachen

auf Eurer Seite: Die Jungfräulichkeit der Mutter Jesu wurde in Eurer Kirche erst im Jahr 1854 zum Dogma erhoben. Das ganze Neue Testament spricht ohne jede besondere Verehrung von Maria. Paulus, der älteste christliche Autor, erwähnt sie sowenig wie der älteste Evangelist. Doch auch im Johannes-Evangelium, im Hebräerbrief, in der Apostelgeschichte wird sie ignoriert. Und Jesus selbst, der in der Heiligen Schrift mit sieben Geschwistern und als »erster Sohn« Mariens figuriert, schweigt über seine Geburt aus der Jungfrau völlig. Kein Kirchenvater kennt vor dem dritten Jahrhundert ihre dauernde Jungfrauschaft, keiner bis ins sechste Jahrhundert ihre leibliche Himmelfahrt. Ja, der nachmals dogmatisierte Glaube an die Unbefleckte Empfängnis wurde von den größten Heiligen – Bernhard, Bonaventura, Albertus Magnus, Thomas von Aquin – als Aberglaube bekämpft[6].

Falls Euch diese Story also stört, habt Ihr jede Möglichkeit, sie zu löschen.

Doch eigentlich könntet Ihr sie auch beibehalten. Denn jetzt seid ja Ihr da! Jetzt habt Ihr das Sagen! Über alle geistigen Minenfelder, mit denen die Herren sich durch Jahrtausende vor einem weiblichen Klerus zu schützen suchten, seid Ihr an Euer Ziel gelangt. Durch sämtliche Stacheldrähte ihrer Junggesellentheologie habt Ihr Euch in die höchsten Höhen ihrer Hierarchie geschwungen. Und darum könntet Ihr diese unversehrte Kindesmutter, diese zum Himmel aufgefahrene Unbefleckte, diese unglückselige Kopfgeburt männlicher Sexualneurotiker nun genausogut auf ihrem Sockel lassen.

Bedenkt doch, daß diese Zeit des Übergangs auch für die Männer Eurer Kirche nicht ganz einfach ist. Es ist eine Frage christlicher Toleranz: Wenn die geistlichen Herren daran gewöhnt sind, ausgerechnet bei dieser Kunstfrau Trost und Rat zu suchen, wenn die vielen Sexflüchtigen unter ihnen sich gerade bei dieser Geschlechtslosen geborgen fühlen und die diversen Homosexuellen hier die Unähnlichkeit mit den richtigen Frauen schätzen – darf man sie ihnen dann entziehen? Früher haben sie diese Jungfrau skrupellos als Waffe gegen Euch verwendet. Mit ihrer Hilfe wollten sie Euch vorgaukeln, Ihr wärt in dieser Kirche hinlänglich vertreten. Doch wie könnten sie Euch heute noch mit ihrer Immaculata schaden?

Natürlich wissen wir so wenig wie Ihr selbst, wie Ihr diese Haltung dem weiblichen Teil Eurer Gemeinde erklären könntet. Doch vielleicht gibt es eine Möglichkeit, die Geschichte von der Jungfrauengeburt als eine Art christlicher Folklore darzustellen – wie die Erzählungen von den sich selbst reproduzierenden Broten, dem niemals versiegenden Weinvorrat, dem Gang auf dem Wasser, die ja heutzutage auch keine Frau mehr wörtlich nimmt.

Und das, was wir hier als katholische Pornographie bezeichnet hatten – die Möglichkeit, mittels Verboten bestimmte Gelüste zu entfachen –, das hat doch jetzt, da Ihr da seid, ebenfalls einen neuen Akzent erhalten, nicht wahr? Angesichts des bedauerlichen Rückgangs der Koitusfrequenz bei den sogenannten aufgeklärten Paaren, könnte man da Euer katholisches Sündenregister samt der verbalerotischen Peepshow im Beichtstuhl nicht als Garanten für die Erhaltung gewisser Freuden sehen? Wollt Ihr wirklich, daß der Liebesakt »etwas ganz Natürliches« wird – so natürlich wie essen und defäkieren? Was er in Wirklichkeit (die »Naturvölker« zeigen es uns) ja ist. Doch am katholischen Beispiel sieht man, daß man daraus mit ein bißchen bösem Willen auch noch etwas anderes machen kann. Wollt Ihr darauf verzichten?

Nun, auch hier könnt schließlich nur Ihr selbst entscheiden. Wir möchten lediglich, daß Ihr darüber nachdenkt, ob es jetzt, da Ihr Frauen am Regiepult sitzt, noch immer notwendig ist, die Unbefleckte aus dem Verkehr zu ziehen. Im allgemeinen gilt die Regel, daß die Zukunft einer Religion um so sicherer ist, je deutlicher sie sich von den übrigen unterscheidet. Und Euer Marienkult ist schon etwas Besonderes in diesem Wirrwarr kleiner und großer Überlebensversicherungsvereine, die dank der Religionsfreiheit heute den Konfessionsmarkt überschwemmen. Den macht Euch so leicht keiner nach.

bleibt uns die Zwangsehelosigkeit des katholischen Priesterstandes zu bedenken, den sogenannten Zölibat. Auch dieses Gebot wurde erst relativ spät erlassen: Im ersten Jahrtausend waren Priester in der Regel noch verheiratet, erst ab 1139 war ihnen die Ehe untersagt.

Auch hier handelte Eure Obrigkeit wieder ohne die Zustimmung jenes Mannes, auf den sie sich ständig beruft. Während Jesus Christus sich zur Ehelosigkeit überhaupt nicht geäußert hat, sondern im Gegenteil zum Schrecken seiner Jünger Tendenzen einer Frauen geringschätzenden, polygamen Gesellschaft entgegentrat und ein Idealbild von Einheit und Einswerden in der Ehe entwarf, wurde seine Lehre später von zölibatären Theologen im Sinn eines Aufrufs zur Ehelosigkeit deformiert. Und Johannes Paul II. sieht den Pflichtzölibat in der katholischen Kirche fälschlicherweise nicht nur als von Jesus selbst empfohlen, sondern zusätzlich auch noch als »Apostolische Lehre«[7].

Diese Apostolische Lehre ist jedoch, ganz im Gegenteil, die Lehre vom *Recht* aller kirchlichen Amtsträger auf Ehe. Paulus erklärt (1. Kor. 9,5), daß sämtliche Apostel und Petrus, der immerhin als der erste Papst gilt, verheiratet seien und ihre Frauen auf Missionsreisen mitnähmen. Er erklärt, daß auch er selbst dieses Recht habe. Der Irrtum des augenblicklichen Papstes und all der anderen geht auf eine mangelhafte Übersetzung zurück, die seit vierhundert Jahren in Umlauf ist. Wer es versteht, die entsprechenden Passagen im griechischen Original zu lesen, wird eines Besseren belehrt. Doch natürlich hat die Kirchenleitung an einer solchen Korrektur kein Interesse.

Auch in diesem Fall hätte Eure Päpstin also jedes

moralische und juristische Recht, neue Spielregeln einzuführen: Falls Ihr Katholikinnen es wünscht, kann der Zwangszölibat gestrichen werden. Und zwar wäre hier sogar eine ersatzlose Streichung möglich, da dieses Gebot nicht die fast eine Milliarde Mitglieder Eures multinationalen Unternehmens betrifft, sondern die Minderheit seiner Angestellten.

Nun rät der Grieche Epikur, man solle an alle Begierden die Frage stellen: Was wird mir geschehen, wenn erfüllt wird, was ich begehre, und was, wenn es nicht erfüllt wird? Für Euch bedeutet das eine Aufforderung, die Folgen zu bedenken, die eine Abschaffung des Zölibatsgelübdes hätte – zum einen für Eure Kirche, zum andern für Euch selbst. Und dazu muß man zunächst einmal wissen, aus welchem Motiv heraus dieses Gelübde seinerzeit eingeführt wurde: Wieso kommt die christliche Kirche mehr als tausend Jahre nach ihrer Gründung auf einmal auf die Idee, von ihren Priestern die Ehelosigkeit zu fordern?

Zum einen ist es dabei wieder einmal ums Geld gegangen: Unverheiratete Angestellte waren billiger als solche mit Familie und zudem noch mobil – einen Priester ohne Anhang konnte man zu jeder Zeit an jeden beliebigen Ort des katholischen Imperiums versetzen. Und da es damals gerade in dieser Branche keinen Nachwuchsmangel gab, durfte man den Bewerbern jede Bedingung stellen.

Das Wesentliche war aber wohl, daß die Catholica mit Hilfe einer zumindest nach außen hin enthaltsam lebenden Priesterschaft (was sie insgeheim tat, wurde zu jeder Zeit großzügig übersehen) in der Lage war, ihrer sexuellen Verbotsliste Nachdruck zu verleihen: Wenn der Priester seinen Trieb beherrschen konnte, konnte es auch der Laie. Sexualität jenseits der festgelegten Grenzen (ohne Ehe, ohne Fortpflanzungswillen) war also böse Absicht und somit eine Sünde, die bestraft werden mußte. Der ehelose Priester war die Erfindung einer Obrigkeit, der an der absoluten Macht über das Denken, Fühlen und den Geldbeutel ihrer Untertanen gelegen war. Gerade auf diesem Gebiet war ja die Absolution recht teuer.

Daß das Keuschheitsgelübde den vielen Sexualneurotikern unter den Kirchenvätern auch noch aus ganz persönlichen Gründen entgegenkam, steht außer Zweifel. Die beiden eifrigsten Verfechter männlicher Enthaltsamkeit, Augustinus und Thomas von Aquin, waren ausgesprochene Frauenverächter. Warum hat der Teufel nicht Adam, sondern Eva angesprochen, fragt beispielsweise der Heilige Augustinus. Seine Antwort: Er wandte sich zuerst an den minderen Teil des Menschenpaares. Und vor diesem minderen Teil hatten er und die anderen Männer in dieser Kirche dann eben ihre heilige Ruhe.

Nicht für immer, wie wir jetzt wissen. Denn mit Euch sind nun die ersten weiblichen Zölibatäre ins Reich der enthaltsamen Junggesellen eingezogen – und natürlich hat das die Landschaft radikal verändert. Wie steht es also mit den Vorteilen, die das Zölibatgelübde der katholischen Kirche brachte: Behalten diese auch nach Eurer Intervention ihren Wert?

Nun, die Ungebundenheit ist auch beim weiblichen Geistlichen ein Plus – eine ledige Priesterin läßt sich so leicht von Rom nach Kalkutta versetzen wie ein lediger Priester. Und die Geldeinsparung ist erst recht nicht zu verachten: Eine unverheiratete Geistliche kommt ihre Diözese selbstverständlich billiger als eine, die eine Familie zu ernähren hat. Und weiß der Himmel, daß der heterosexuell orientierte Teil des Klerus sich nach Aufhebung des Eheverbots vervielfachen würde: Seid fruchtbar und mehret Euch – das müßte man den Herren und Damen Geistlichen nicht zweimal sagen. Denn wenn man sich bei der Einhaltung des Zölibats nicht mit Ruhm beladen hatte, könnte man wenigstens ohne ihn ein gottgefälliges Dasein führen. Für Dienstwohnung und Lebensstellung wäre ja gesorgt.

Durch die Beibehaltung des Eheverbots spart die katholische Kirche also auch nach Eurer Gleichstellung ein Vermögen. Und da dieses Geld dank Eurer Integrität in die richtigen Kanäle flösse (kein weiblicher Papst würde doch wohl, wie Pius XII., nach seinem Tod ein privates Vermögen von achtzig Millionen

DM hinterlassen[8]), könnte Euer Verzicht auf eine eigene Familie in den Familien Eurer ausgelaugten Anhängerschaft einiges Elend lindern. In diesem Sinn wäre also Euer Entschluß ein Akt allerreinster Nächstenliebe.

Auch das Argument des Nachwuchsmangels, das die heutigen Zölibatsgegner gern und zu Recht gebrauchen, ist durch Euren Umsturz hinfällig geworden. Sobald sie sich den Frauen öffnet, wird sich die katholische Kirche auch bei Beibehaltung des Eheverbots nicht mehr über einen Mangel an Bewerbern für geistliche Ämter zu beklagen haben. Da wir Frauen nach Ansicht der einschlägigen Wissenschaft ein angeborenes Talent für zwischenmenschliche Kontakte besitzen, ist gerade das Amt des Priesters für unser Geschlecht wie geschaffen. So wie jetzt schon die Agenturen für Reisen im Diesseits zu unseren bevorzugten Arbeitsplätzen gehören, sind es demnächst auch jene, die die Reisen ins Jenseits organisieren. Mit der bizarren Nebenwirkung, daß ausgerechnet dieser Beruf den Aufenthalt in der jetzigen Welt verlängert. Zwischen Ehelosigkeit und Lebensdauer scheint zumindest beim Mann ein direkter Zusammenhang zu bestehen, wird doch die Lebenserwartung des katholischen Priesters nur noch von der des Mönches übertroffen. (Für jene, die an eine Fortsetzung des Lebens im Paradies glauben, also sicherlich ein Opfer.)

Von denen, die bei der heutigen Diskussion für eine Abschaffung des Zwangszölibats plädieren, argumentieren viele auch damit, daß die katholische Kirche dadurch einiges an Weltfremdheit verlieren würde. Während der Beruf des Priesters heute oft eine Zuflucht für Männer ist, die sich aus den falschen Gründen für eine geistliche Laufbahn entscheiden (Weltflucht, Sexflucht, Homosexualität), wäre er dann auch für die sogenannten Normalen attraktiv, die dann eben auch mehr von den normalen und damit häufigsten Problemen der Gemeindemitglieder verstünden. Doch auch in dieser Beziehung wird sich durch Euch einiges verschieben. Selbst wenn Ihr dann an das gleiche Gelübde gebunden seid wie Eure männlichen Kollegen, wird sich die Atmosphäre durch die Anwesenheit von Frauen doch grundlegend verändern: Aus einer Kaserne mit Soldaten Gottes wird so etwas wie ein gemischtes Pensionat, wo Intimitäten zwischen den Insassen zwar nicht gern gesehen sind, man aber immerhin reinen Gewissens miteinander reden, lernen, essen und beten wird. Und damit ist erstens das Umfeld des Priesterberufs attraktiver und zweitens auch der Eheverzicht erträglicher. Denn nun geht ja der Sog in die Gegenrichtung: Wer möchte in einer Welt von Singles verheiratet sein?

Dann wäre noch die Einbuße an Geheimnis zu erwähnen, die eine Verehelichung Eures Klerus mit sich brächte. Und gerade dieses Element ist von einiger Wichtigkeit, handelt es sich beim Katholizismus doch um die theatralischste aller Konfessionen. (Weshalb wir Euch übrigens auch zur Beibehaltung der heutigen Ornate raten möchten.) Der an sein Keuschheitsgelübde gebundene Geistliche ist und bleibt für uns Außenstehende eine die Phantasie anregende Figur – dafür sprechen allein die vielen Werke der Weltliteratur, all die Filme und Fernsehserien, die sich mit seinem Verzicht, seiner dennoch erfolgten Verfehlung und der anschließenden Gewissensqual und Läuterung befassen.

Was die Ehe aus einer solchen Gestalt macht, seht Ihr am Beispiel der Protestanten: Ein Priester mit Frau und Kindern wird zu einem Mann, der sein Geld anstatt an einem Bankschalter an einem Kirchenaltar verdient. Und bei der verheirateten Geistlichen wäre die Entzauberung vielleicht sogar noch verheerender. Eine Priesterin, die nach der Zelebrierung der Morgenmesse zum Supermarkt läuft, um Papierwindeln für ihr Baby zu besorgen, wird man bei der nächsten Andacht unwillkürlich mit anderen Augen sehen. Nun gut, das alles sind Oberflächlichkeiten, werdet Ihr sagen. Doch ganz unwichtig sind sie vielleicht trotzdem nicht.

Zu guter Letzt wäre, genau wie beim Marienkult, der Verlust an Profilierungsmöglichkeit zu bedenken, den die Abschaffung des Zölibats mit sich brächte. Wenn Eure Kirche dieses Gebot streicht, entschwindet eine ihrer interessantesten Eigenarten und somit ein weiterer Unterschied zur protestantischen Konkurrenz, die Euch ja ohnehin stets auf den Fersen ist. Und trotz aller ökumenischen Schwärmereien gibt es wohl keine einzige Konfession, die wirklich darauf Wert legt, in einer anderen aufzugehen, nicht wahr?

Die Aufhebung des Zwangszölibats würde also vor allem Nachteile bescheren. Diese wären allerdings nicht so gewichtig, daß sie die Existenz Eurer Kirche gefährden könnten. Und darum kann man es sich gerade in diesem Punkt erlauben, in aller Ruhe abzuwägen: Welchen Gewinn würde Euch Geistlichen die Aufhebung des Eheverbots bringen?

Den, daß Ihr heiraten könntet, das ist einmal klar. Doch bei diesem Bedürfnis handelt es sich um eine der großen Absurditäten unserer Zeit: Während die unverheirateten Paare endlich nicht mehr geächtet sind und bei den Verheirateten die alltägliche Ehemisere stetig zunimmt (so daß heute schon ein gutes Drittel der Ehen vor dem Scheidungsrichter endet), bleiben wir heiratswütig wie eh und je. Wenn man herumfragt, kennt so gut wie keiner von uns eine wirklich glückliche Ehe, und dennoch scheint so gut wie jeder nach einer Heiratsurkunde zu streben: Mann und Frau, Jung und Alt, Hetero und Homo, Heide und Priester.

Alle Medienkampagnen gegen die einkerkernde Institution sind letzten Endes zwecklos gewesen: Anstatt daß die heutigen Jungen sich glücklich schätzen, endlich vom Zwang der Legalisierung ihrer Liebe befreit zu sein, anstatt daß Homosexuelle und Priester sich gratulieren, auf einer jener Inseln zu leben, wo man solche Freuden gar nicht legalisieren könnte, läßt keiner locker, bis auch er der Weltöffentlichkeit mitteilen darf, mit welcher Person welchen Geschlechts er bis in alle Ewigkeit die tätige Nächstenliebe zu betreiben gedenkt. Als könnte eine solche Nachricht außer ihm und dem Erwählten jemanden ernsthaft interessieren. Wenn das Ausplaudern sexueller Intimitäten unfein ist, ist die Heiratszeremonie eine einzige Indiskretion. Denn hier wird der Abschluß eines erotischen Dauerabkommens im wahrsten Sinn des Wortes an die große Glocke gehängt.

Wir wissen natürlich, daß gerade der Geistliche hier einer berufsbedingten Prägung unterliegt – diese Zeremonien sind ja eine der sichersten Einnahmequellen seiner Kirche. Doch auch in anderen Punkten muß man den Heiratspakt als Geschmacklosigkeit bezeichnen: Da hat man endlich den Menschen getroffen, von dem man behauptet, daß man ihm grenzenlos vertraut, und ausgerechnet von ihm läßt man sich einen Vertrag unterschreiben, daß er einen nicht verlassen wird – auch nicht »in schlechten Tagen«! Da gibt es dank der hohen weiblichen Lebenserwartung Legionen älterer Frauen, die sich minderwertig fühlen, weil sie nicht verheiratet sind – und vor diesen spaziert man dann auftrumpfend mit dem goldenen Ringlein auf und ab?! Nein, wenn man sie beim warmen Licht der Nächstenliebe betrachtet, ist die Eheschließung mit Bürokratenstempel und einem halben Dutzend Unterschriften schon ein ziemlich erbärmlicher Akt. Und darum hat es ja auch beim katholischen Paar bis zum Jahr 1563 genügt, daß zwei Verliebte ohne jeden Zeugen zueinander sagten, daß sie sich von jetzt an als Mann und Frau betrachteten. In die Kirche ist man für eine dermaßen persönliche Abmachung nicht gegangen.

Für den gewöhnlichen Sterblichen von heute bringt die Ehe allerdings noch den mildernden Umstand der materiellen Absicherung und der Vorsorge gegen Einsamkeit im Alter mit sich. Doch diesbezüglich seid Ihr Kirchenleute ja so gründlich abgesichert wie sonst niemand: Zum einen wird diese Kirche Euch niemals verhungern lassen (Ihr *seid* diese Kirche), zum andern seid Ihr hier niemals einsam (eine Kirche ist eine *Gemeinde*), und auch Eure Altersheime sind seit Jahrhunderten gebaut. Daß es Euch zur geschlechtlichen Liebe drängt, leuchtet ein – doch was drängt Euch zur Ehe? Warum seid Ihr nicht dankbar, daß Euch das Heiratsverbot davor bewahrt, wie wir anderen aus nicht-erotischen Gründen begehrt zu werden?

Sobald Euch Priestern die Ehe erlaubt wäre, hätte die Heiratsverweigerung natürlich gerade in Eurem Fall etwas Zynisches an sich. Man könnte Hirten und Hirtinnen nicht gestatten, was Schafen und Schäfchen verboten wäre: den nicht-ehelichen Geschlechtsverkehr. Daß dieses Übel für Eure Vorgesetzten heutzutage ganz offensichtlich das kleinere ist, will vielen von Euch nicht in den Kopf: Man weiß doch, wieviel Prozent der katholischen Geistlichen auf sexuellem Gebiet nicht nur sporadisch sündigen, sondern sogar dauerhaft in sündigen Verhältnissen leben (nach Untersuchungen in den USA im ersten Fall jeder Zweite, im letzten jeder Fünfte). Warum also läßt die katholische Kirche nicht endlich den verheirateten Priester zu und entzieht damit den endlosen Skandalen die Grundlage?

Plötzlich seid es nun Ihr, die Katholikinnen aller Länder, die diese knifflige Frage zu beantworten habt. Zu beneiden seid Ihr da nicht.

Bleibt vielleicht anzumerken, daß die Sex-Skandale im katholischen Klerus auch bei verheirateten Priestern nicht notwendig Vergangenheit wären. Wer hier A sagt, muß das ganze katholische Alphabet reformieren. Die heutigen Zölibatsgegner argumentieren ja zu Recht damit, daß auch der Geistliche nur ein Mensch ist – gerade auf dem Gebiet des fleischlichen Verlangens. Und darum wäre eben nach einer Aufhebung des Eheverbots der Skandal des priesterlichen Zölibatsbruchs lediglich durch den des priesterlichen Ehebruchs abgelöst. Falls Ihr hier wirklich »saubere Verhältnisse« wünscht, wäre mit dem Recht auf die Priester-Ehe zugleich das auf die Priester-Ehescheidung einzuführen – und selbstverständlich auch das auf die Wiederverheiratung des Priesters, der sonst ja wieder in einem sündigen Verhältnis gefangen wäre. Und in Anbetracht des hohen Prozentsatzes von Kirchenmännern mit homoerotischen Neigungen wäre auch die Homosexuellen-Ehe samt -Ehescheidung zu gestatten.

Daß alle diese kirchengesetzlichen Erleichterungen auch für den katholischen Laien zu gelten hätten, versteht sich von selbst. Wie könnte zum Beispiel ein in zweiter Ehe vermählter Seelsorger dem in gleicher Situation lebenden Gläubigen die Sakramente verweigern?

Das Zölibatsproblem ist also verzwickter, als man auf Anhieb denken würde. Und Ihr, die neuen Priesterinnen, habt ja auch wirklich nicht die Absicht, Euch nun allesamt in Heiratsvorbereitungen zu stürzen. Ihr geht davon aus, daß der Zölibat auch heute noch die dem Priester gemäße Lebensweise ist. Nur sollte die Sache eben freiwillig sein.

Doch ist sie das nicht schon jetzt? Wenn wir richtig informiert sind, wird der Katholik weder zur geistlichen Laufbahn gezwungen, noch kann man ihn daran hindern, diese später wieder aufzugeben. Wenn ihm irgendwann einfällt, daß er lieber etwas anderes machen würde, oder wenn er meint, daß er anstatt mit der Jungfrau eigentlich lieber mit einer richtigen Frau vermählt wäre, kann er sein Amt niederlegen und ein anderes Leben beginnen.

Ist die Aufregung um diesen Punkt also nicht etwas übertrieben? Ein katholischer Geistlicher, der auf sein Recht auf Verheiratung pocht, ist wie jemand, der einst mit großer Begeisterung und bei voller Kenntnis der Statuten Mitglied eines Fußballvereins wurde und nun plötzlich verlangt, daß man dort mit Tennisbällen spielt. Im weltlichen Leben tritt man in einem solchen Fall aus und geht zu einem Tennisklub. Im religiösen Leben gelten natürlich auch da wieder andere Regeln. Nur welche?

Und über all das habt Ihr, die neuen Fürstinnen, nun weitgehend im Alleingang zu entscheiden. Nein, Ihr Katholikinnen aller Länder, wir beneiden Euch nicht!

Doch wir halten uns auch nicht für klüger. Daß wir uns hier mitreißen ließen, über die Lösung einiger Eurer neuen Probleme nachzusinnen, heißt ja keineswegs, daß wir uns Euch überlegen fühlen. Daß wir so ungeniert über Eure Ängste sprachen, bedeutet nicht, daß wir, die Nicht-Katholiken, uns nicht fürchten. Die drei großen Ängste, die Euch in die Geborgenheit Eurer großen Kirche getrieben haben (in die Fänge Eurer Sekte, würde man bei den Anhängern kleinerer Kirchen um vieles gehässiger sagen), diese Ängste empfinden wir ebenso stark wie Ihr. Wir unterscheiden uns lediglich in der Art, dagegen anzugehen: Wir kämpfen als Einzelne, Ihr bevorzugt das Kollektiv. Und das ist es auch, was Euch für uns so unendlich gefährlich macht. Denn neben Freiheit, Sinnlosigkeit und Tod müssen wir Unfrommen auch noch Euch, die Frommen, fürchten.

Doch zunächst zu den Ängsten, die uns miteinander verbinden, und *unserer* Art, damit umzugehen:

Die Angst vor der Freiheit, die Ihr mit der Unterordnung unter einen bestimmten Gott bekämpft, die bekämpfen wir mit der Unterordnung unter einen bestimmten Menschen – mit der Liebe also. Und auch wenn Ihr gerne und oft von Liebe redet, so könnt Ihr als Fromme letzten Endes von dieser Art Liebe keine

Ahnung haben – alle Eure Empfindungsmöglichkeiten sind ja bereits von Eurer Liebe zu Gott belegt.

Daß auch die Liebe zu einem bestimmten Menschen so etwas wie Religion ist, kann man bereits an der Terminologie erkennen: Dem wahrhaft Liebenden ist der Geliebte sein »ein und alles«. Er »blickt zu ihm auf«, er »betet ihn an«, er würde »alles für ihn opfern«, »sogar sein Leben«. Denn erst durch ihn, den Geliebten, hat dieses Leben »einen Sinn« erhalten – falls er ihn verließe, wäre der Liebende »verloren«. Liebeserklärungen sind Kniefälle vor einem höheren Wesen – die bedingungsloseste Form der Kapitulation. Man könnte sie ohne jede Korrektur in der Liturgie verwenden.

Der Unterschied zur Kirche besteht in der Anzahl der Personen, die hier an der Andacht beteiligt sind. Zum Kirchengott beten viele – man kann daher diese Art zu glauben auch als Kollektivreligion bezeichnen. Bei der Anbetung des Geliebten wird man – falls man Glück hat – nur ein einziger sein. Liebe ist daher die Religion mit der kleinsten Gemeinde: Gott und Anbeter im Verhältnis eins zu eins. Man kann sie deshalb auch eine Privatreligion nennen. Natürlich wird das Göttliche hier nur in einen Menschen projiziert, doch wo ist Euer Gott?

Mit anderen Worten: Auch wir, die Ungläubigen, beten – nur beten wir zu einer anderen Instanz. Und außer in Zeiten des Liebeskummers (Zeiten ohne Gott) sind wir auch nicht ungebundener als Ihr Frommen. Wir unterscheiden uns lediglich in der Art, unsere Lust an der Unterwerfung zu stillen.

Die große Angst vor der Sinnlosigkeit des Lebens ist bei uns Ungläubigen durch deren kleine Schwester, die Angst vor der Einsamkeit, verschärft: Euch dürstet nach einem an Euch persönlich interessierten Gott – wir fühlen uns schon gesegnet, wenn es da einen Menschen gibt, den unsere Existenz interessiert!

Beide Ängste bekämpfen wir, indem wir uns auf künstlichem Weg Gesellschaft und Daseinszweck schaffen. Mit der Zeugung von Kindern beispielsweise: Wer sich ein Kind macht, ist ab sofort nicht mehr einsam und weiß zumindest während der folgenden achtzehn Jahre, wozu er am Leben ist – er hat für ein Kind zu sorgen. Auch die Schaffung von Kunstwerken macht Sinn: Wir versuchen ein Bild zu malen, ein Buch zu schreiben, ein Lied zu komponieren, das uns überdauert.

Oder wir helfen uns, indem wir uns bei den Armen, Kranken und Schwachen nützlich machen. Wenn wir ein fremdes Leben retten, ist auch unseres gerettet – es bekommt einen Sinn. Der Drang zu guten Werken ist darum auch bei uns Konfessionslosen verbreitet. Die überkonfessionellen Organisationen zeigen der ganzen Welt, daß man mit der geschundenen Kreatur auch Mitleid haben kann, wenn man ihre/n göttlichen Hersteller/in nicht verherrlicht.

Mit anderen Worten: Wir sind sicher nicht weniger gütig als Ihr – wir sind es nur aus anderen Gründen. Ihr seid hilfsbereit, weil es Euch die christlichen Gebote befehlen – aus Gehorsam also. Wir sind es aus Egoismus. Denn wir haben ja gar keine Wahl: Wenn unser Leben einen Sinn haben soll, *müssen* wir unseren Nächsten mehr lieben als uns selbst.

Nur gegen die dritte und größte der menschlichen Ängste, der vor dem Sterben, haben wir noch kein Kraut gefunden. Das mag mit einem gewissen Überschuß an Phantasie zusammenhängen – und vielleicht ist dies ein Punkt, an dem wir uns tatsächlich von Euch unterscheiden. Vielleicht ist aber auch nur unsere Aufmüpfigkeit daran schuld. Denn sobald man uns das eine oder andere Jenseits anpreist, fragen wir seinen Verkünder sofort nach Einzelheiten. Niemals gäben wir uns hier mit einem »die ewige Glückseligkeit ist unbeschreiblich« zufrieden. Oder mit einem »Gottes Wege sind wunderbar und darum mit dem irdischen Verstand nicht zu begreifen«. Wir verlangen eine Glückseligkeit, die man uns beschreiben kann. Wir fordern ein Paradies, das wir mit unserem irdischen Verstand begreifen. Einen anderen haben wir nämlich nicht.

Und der kommt zu dem Schluß, daß alles, was ewig dauert – eine Million Jahre, noch eine Million Jahre, noch eine, noch eine, noch eine –, schrecklich ist. Daß es eins gibt, das noch entsetzlicher wäre als das Abschiednehmen: Der Gedanke, daß es dann unaufhörlich weitergeht. Wenn wir auch nur ein bißchen an Eure Fraugott glaubten, würden wir Sie auf Knien bitten, die Sache mit dem Jenseits rückgängig zu machen: Auf einem Fest, das niemals zu Ende geht, möchte doch keiner tanzen!

Mit anderen Worten: Wir haben nicht weniger Angst vor den Schrecken des Todes als Ihr. Wir haben uns lediglich ausgerechnet, daß ein ewiges Leben noch schrecklicher wäre.

Obwohl wir also weder klüger, besser oder mutiger sind als Ihr, fordern wir doch ein Mitspracherecht bei allen Externa Eures Glaubens. Das heißt, bei der Neuformulierung jener Gesetze, deren Anwendung nicht nur für Euch, die Katholikinnen, sondern auch für uns, die Nicht-Gläubigen, Konsequenzen hätte.

Mit welcher Berechtigung? Nun, mit dem Recht derer, die in der Vergangenheit unter Eurer Kirche am meisten zu leiden hatten, der verstreuten Sippe der Ketzer eben.

In wessen Namen? Im Namen der Opfer des Katholizismus, die sich immerhin auf Millionen und Millionen belaufen.

Natürlich können wir hier auch im Namen Eures Heilands auf Mitspracherecht bestehen, der ja – Ihr sagt es selbst – für *alle* Menschen gestorben ist. Vielleicht nicht gerade am Kreuz, wie die diesbezügliche Forschung heute meint – vermutlich ist Christus »nur« gesteinigt worden. Und zwar nicht als schöner junger Mann, sondern bereits als alter, da die durchschnittliche Lebenserwartung für einen Mann jener Zeit und in jener Gegend unter dreißig Jahren lag.

Doch lassen wir ihn am Kreuz, behalten wir ihn ruhig als schönen Jüngling im Gedächtnis. Es ist ja dieser Christus, an den man uns Menschen all diese Jahrhunderte zu glauben befahl, und folglich gibt es diesen und nur diesen hier zu beurteilen.

Und da Ihr Euch im Alltag wahrhaftig keine Gelegenheit entgehen laßt, uns mit Eurer christlichen Symbolik zu traktieren – Euren Feiertagen, Euren Kirchenglocken, Euren Umzügen, Euren Fernsehpredigten –, seid Ihr vielleicht so tolerant, nun für einen Augenblick unsere Version der Passion Christi anzuhören: Denn vielleicht kommen wir ja auch hier zu dem Schluß, daß Euch und uns weniger voneinander trennt, als wir im Moment noch meinen. Daß wir, auch wenn wir nicht zu ihm beten, diesen 33jährigen Sohn eines jüdischen Zimmermanns ebenso verehrungswürdig finden wie Ihr.

Stellt Euch vor, es hätte vor zweitausend Jahren, während der römischen Besetzung Palästinas – einer Zeit, in der unter der Bevölkerung Angst und Terror an der Tagesordnung waren und in der zum Beispiel einer wie Herodes es sich leisten konnte, ungestraft den männlichen Nachwuchs einer ganzen Ortschaft hinmetzeln zu lassen –, stellt Euch vor, es hätte damals ein Mann gelebt, der das alles ändern wollte. Ein Mann, der nicht Gott über alles liebte, sondern die Menschen, und diesen helfen wollte, ein für allemal miteinander in Frieden zu leben.

Wir haben viel über Euren Christus nachgedacht. Wir nehmen an, daß er ein Ungläubiger war. Ein anderer hätte kaum gewagt, sich als Sohn Gottes auszugeben – er hätte sich viel zu sehr vor dessen Rache gefürchtet. Und diese Hochstapelei war ja lebenswichtig für seine Sache: Sie war Voraussetzung dafür, daß er, der Sohn eines armen Handwerkers, die Autorität bekam, die er um seiner Botschaft willen unbedingt brauchte.

Und was kam als nächstes? Als nächstes kam natürlich Bluff. Die falschen Wunder und Weissagungen, die man ihm heute vorwirft, das Wasser, das sich in Wein verwandelt, die sich selbst reproduzierenden Brotlaibe, die Lahmen, die nach seiner Berührung wieder gehen, die Blinden, die plötzlich wieder sehen konnten ... Wir wissen nicht, wie er das machte, doch beim damaligen Stand der Allgemeinbildung war es ein Kinderspiel, mit solchen Tricks erfolgreich zu sein. Als Hypnotiseur wird er ohnehin unüberbietbar gewesen sein, und für alles andere hatte er ja zwölf zuverlässige Komplizen.

Doch wenn die Leute damals nur diese Sprache verstanden, mußte er sie dann nicht gebrauchen? Wir stellen uns vor: Ein einzelner junger Mensch, der jede Form der Gewalt verabscheut und folglich weder über Soldaten noch Waffen verfügt, der nichts besitzt als seine Phantasie, um eine gewalttätige Meute davon zu überzeugen, daß es nun genug sei, daß man sich nicht länger quälen dürfe, daß man seine Feinde lieben müsse – hatte der überhaupt eine andere Wahl?

Wenn das, was sie wirklich fürchteten, der eigene Tod war, *mußte* Christus dann nicht die Verheißung des ewigen Lebens dazu hernehmen, um diese Sadisten so weit zu bringen, daß sie sich während des wohl einzigen Lebens, das es für uns gibt, einigermaßen menschlich aufführten?

Daß Christus selbst an ein Weiterleben glaubte, halten wir für unwahrscheinlich. Dann hätte ihn nämlich das Gemetzel hier auf Erden nicht so aufgeregt: Je schneller diese Zeit für den einzelnen vorbei war, je kürzer er lebte, desto besser.

Und der Trick mit dem Märtyrertod, den er im Interesse seiner Sache wohl absichtlich wählte (wenn es zwischen ihm und Judas kein Komplott gab, wie hätte er dann voraussagen können, welcher seiner Jünger ihn wann verraten würde?), dieser Tod am Kreuz, zu dem er, als die Zeit reif war, die Machthaber vermutlich mit allen Mitteln provozierte (denn was sollte ein so wenig machthungriger Mann wie Christus mit jenem triumphalen Einzug in Jerusalem anderes erreichen wollen?) – so leicht war das nicht. Wir sind abgestumpft, weil so viele junge Menschen in den letzten Jahrzehnten versuchten, durch Verhungern, Verbrennen und andere Selbstverstümmelung auf ihre persönliche Heilslehre aufmerksam zu machen. Doch das macht den Tod Christi noch lange nicht zur Bagatelle. Vor allem nicht in unseren Augen.

Für einen Christus, der an Gott glaubte – an einen Vater, der ihn ein paar Tage später zu sich rufen würde –, war der Tod am Kreuz eine Kleinigkeit: Wenn man weiß, jetzt hänge ich eben ein paar Stunden hier, es tut mir zwar höllisch weh, aber irgendwann werde ich durch den Blutverlust ohnmächtig, und wenn ich dann in drei Tagen wieder aufwache, bin ich ein Held, verabschiede mich von den Freunden und fahre in die Luxusherberge meines reichen Vaters hinauf – wo ist da die Heldentat? Jede Frau, die sich unter das Messer eines Schönheitschirurgen begibt, ist auf ähnliche Weise heroisch. Ein paar Tage wird es wahnsinnig schmerzhaft sein – aber wenn es vorbei ist: Was für ein Leben!

Stellt Euch vor, unsere Theorie sei die richtige: Christus habe nicht geglaubt, Gottes Sohn zu sein, und bei der ganzen Kreuzigung handelte es sich um umsichtig eingefädelte Public Relations, die seiner Lehre von der Nächstenliebe zu Unsterblichkeit verhelfen sollten. Stunden um Stunden an ein Holzkreuz genagelt, die Hitze, der Durst, das Blut, die Schmerzen. Neben ihm die beiden Mörder, unten seine geliebte Mutter, seine Freunde, die dieses Leiden und diese Demütigung mit ansehen müssen. Die johlende, sensationsgeile Meute: »Wenn du Gottes Sohn bist, so beweise es, steig herab!«

Und währenddessen wußte er genau, daß man ihn nur dann von diesem Kreuz herunterlassen würde, wenn er gestand, nicht der zu sein, der er zu sein behauptete: nicht Gottes Sohn. Es ist ja nicht auszuschließen, daß man ihn bei einem Widerruf sogar noch am Kreuz begnadigt hätte: Priester und Pharisäer waren anwesend, ein lebendiger, geständiger Christus wäre ihnen tausendmal nützlicher gewesen als ein toter Märtyrer.

Doch was tat er?

Er sagte: »Vater, vergib ihnen, denn sie wissen nicht, was sie tun.«

Noch in seiner schwersten Stunde bluffte er weiter und rettete gerade durch diese Festigkeit den Gott, den er aus Liebe zu den Menschen erfinden mußte.

»Heute noch wirst du mit mir im Paradies sein«, versprach er dem am Nachbarkreuz leidenden Mörder. Einen Gott, an den man sogar unter solcher Qual noch glauben konnte, den sollte es nicht geben?

»Mein Gott, warum hast du mich verlassen?« – das war die einzige Klage, die Christus sich erlaubte. Doch damit ja niemand Verdacht schöpfte, wurde der angebliche Vater im Himmel sogar im Augenblick größter Verzweiflung noch erwähnt.

Ganz am Schluß hat er sich dann aber wieder völlig in der Gewalt: »Vater, in deine Hände befehle ich meinen Geist«, lügt er mit allerletzter Kraft.

Dann erst erlaubt er sich zu sterben.

Was für ein Mann!

Ja, Ihr Katholikinnen aller Länder, dies ist unsere, der Ungläubigen, Fassung der altbekannten Geschichte. Und darum sagt nun: Ist dieser Christus weniger wert als Eurer? Ist er weniger verehrungswürdig? Er wird uns für diese Verehrung nicht belohnen. Er wird auch nicht wiederkommen. Denn wenn wir recht haben, war er nur ein Mensch, und Menschen kommen niemals wieder.

Doch als Vorbild könnte er so doch für beide Seiten taugen, nicht wahr? Und über den Wert seiner Moral sind wir uns wohl ebenfalls einig, oder? Könnten wir uns also nicht darauf verständigen, daß dieser Mann auch uns, den Nicht-Katholiken, »gehört«? Und daß wir bei der Rückeroberung seiner Ideale ein gewisses Mitspracherecht haben sollten? Haben müssen? Denn wenn Eure Unfehlbare bei der nun fälligen Neugestaltung des Katholizismus Fehler macht – von Eurer Warte eine Absurdität, von unserer das Wahrscheinliche –, haben dies nicht nur die eine Milliarde Katholiken auszubaden, sondern auch die Anhänger der übrigen Konfessionen. Und sogar jene, die an gar nichts glauben. Also zum Beispiel wir.

Du sollst nicht töten

Unser Wunsch auf Mitsprache konzentriert sich im Grunde auf diesen einzigen Punkt: Wir wünschen, nein, wir fordern, daß die römisch-katholische Kirche endlich lernt, das fünfte und wichtigste christliche Gebot zu achten: Du sollst nicht töten.

Denn dieses Gebot hat Eure Kirche in diesen vergangenen zweitausend Jahren so zynisch ignoriert und so systematisch unterwandert, daß es nicht übertrieben ist zu behaupten, sie habe anstatt jener Kultur des Friedens und der Nächstenliebe, auf die sie sich ständig beruft, eine Kultur des Todes über diese Welt verbreitet.

Im Gegensatz zu ihrer Behauptung ist es der katholischen Kirche zu keiner Zeit ihrer Geschichte um Frieden und Nächstenliebe oder gar Feindesliebe gegangen. Es ging ihr immer nur um Macht. Und um dieser Macht willen nutzte sie die Hörigkeit ihrer Anhänger auf die niederträchtigste Weise. Die Männer mißbrauchte sie als Soldaten, die man bei Bedarf zum Töten und Sterben abkommandieren konnte, die Frauen richtete sie zu katholikengebärenden Apparaturen ab. Wohl wissend, daß im Elend geborene Kinder der Hungertod erwartet, verweigert sie bis zum heutigen

Tag den Ärmsten der Armen die Mittel der Geburtenkontrolle. Denn ein paar dieser ins Verhängnis entlassenen Kreaturen kommen ja immer durch – und damit ist das katholische Imperium dann eben doch gewachsen. Nicht einmal auf die Nachkommenschaft der Aids-Infizierten will diese Kirche verzichten. Weshalb das Kondom gestatten, wenn man doch weiß, daß nicht alle Kinder kranker Eltern mit dem Virus geboren werden? Und wenn diese Eltern das nicht wollen, sollen sie eben enthaltsam leben – für einen wahren Christen eine Selbstverständlichkeit.

Das alles, Ihr Katholikinnen dieser Erde, kann so nicht weitergehen. Ein Konzern, der es wagt, sich nach dem Mann zu nennen, der *für uns* gestorben ist, soll sich ein dermaßen mörderisches Verhalten nicht länger erlauben dürfen. Die katholische Tötungsmaschinerie muß gestoppt werden. Und dabei müßt Ihr uns helfen.

Nein, wir wollen hier nicht behaupten, daß es in Eurer Kirche nur Verbrecher und Verbrechen gegeben hat. Doch es gab einfach von beidem zu viele. Wir sagen nicht, daß es in Eurer Kirche weder gute Menschen noch gute Werke gäbe. Doch im Vergleich zu dem, was Ihr Euch vormacht, und gemessen an dem, was Ihr uns predigt, gibt es eben nicht genug. Natürlich wissen wir, daß in der langen Geschichte der Catholica neben all den Fanatikern und Sadisten immer wieder auch wirkliche »Gerechte« zu Einfluß kamen. Und wir wissen auch, daß es heute an der Basis der katholischen Kirche eine große Anzahl echter Christen gibt. Doch das reicht nicht, um diese Kirche zu verändern.

Das eigentliche Problem ist bis zu diesem Tag Eure Führung gewesen. Denn trotz Eurer wohldurchdachten Rituale für die Papstwahl scheint Ihr doch immer wieder an den Falschen zu geraten: Anstatt eines Stellvertreters des Herrn Christus steht dann letzten Endes immer wieder einer des Herrn Machiavelli auf dem römischen Balkon.

Doch, einen gab es, Johannes Paul I., den Venezianer. Der hatte offenbar tatsächlich die Absicht, in diese sogenannte christliche Kirche christliche Maßstäbe einzuführen. So weiß man, daß er ein Befürworter der künstlichen Geburtenregelung war. Nach einer Unterredung mit seinem Staatssekretär Villot begleitete er diesen zur Tür und sagte: »Eminenz – wir haben jetzt eine Dreiviertelstunde lang über Empfängnisverhütung diskutiert. Wenn die Angaben, die man mir gegeben hat, die verschiedenen Statistiken, wenn diese Angaben stimmen, dann sind in der Zeit dieses unseres Gesprächs über tausend Kinder im Alter von weniger als fünf Jahren an Unterernährung gestorben. In der nächsten Dreiviertelstunde, während Sie und ich uns auf unsere nächste Mahlzeit freuen, werden wiederum tausend Kinder an Unterernährung sterben. Morgen um diese Zeit werden dreißigtausend Kinder, die in diesem Moment noch am Leben sind, tot sein – an Unterernährung gestorben.

Nicht immer sorgt der Herr dafür, daß uns nichts mangelt.«[9]

Doch dieser Mann ist schon vierzig Tage nach seinem Amtsantritt gestorben. Neben dem Hunger in seinem Reich hatte er auch die Korruption im Vatikanstaat zu seinem Anliegen gemacht. Und darum ist heute nur eine Minderheit der Ansicht, daß sein Tod ein natürlicher gewesen ist.

Nach ihm kam dann wieder einer der gewohnten Sorte. »Man muß mich lehren, Papst zu sein«, sagte der Pole Wojtyla nach seiner Wahl bescheiden. Und das hat er dann schneller und gründlicher gelernt als jeder andere.

Wer sich die Mühe macht, das Benehmen der Verwalter der Lehre Christi einer auch nur oberflächlichen Betrachtung zu unterziehen, wird sich verwundert fragen, wie die Idee, seinen Nächsten mehr zu lieben als sich selbst, bei einer Auseinandersetzung lieber auch noch die andere Wange hinzuhalten, einem Frierenden das letzte Hemd zu geben, mit einem Hungernden sein letztes Brot zu teilen, so weit verkommen konnte.

Der in diesem Zusammenhang oft geschmähte Herr in Rom ist dabei nur die auffälligste Erscheinung: Die Frage, weshalb hier der Nachfolger so ganz anders auftritt als der Begründer des Vereins – weshalb der Privatbesitz der römisch-katholischen Kirche, die Banken, die Handelsflotte, die Immobilien, die Kunstschätze und all der sonstige Pomp nicht längst verkauft und der Erlös an die Hungernden verteilt wurde, warum im Papstpalast keine Erdbebenopfer residieren und die vatikanischen Gärten nicht vom Lachen geretteter Somalia-Kinder widerhallen –, ist beinah zu abgenutzt, als daß man sie noch stellen möchte.

Die Saturiertheit, mit der kirchliche Würdenträger in westlichen Industrieländern auftreten, ist in der Tat so ungezwungen, daß Gläubige dahinter eher einen grandiosen Plan vermuten können – eine von höherer Einsicht diktierte Strategie, die sie mit ihren eigenen beschränkten Möglichkeiten nicht erkennen können –, als das, was sie so augenfällig ausdrückt.

Denn wenn es auf der Welt abermillionen Obdachlose gibt und die Verwalter der Lehre Christi trotzdem so selbstsicher in Palästen und prächtigen Verwaltungsbauten ihr Geschäft verfolgen, dann doch wohl nur aufgrund einer in der Zwiesprache mit ihrem Gott gewonnenen Weisheit, die gewöhnlich Sterblichen entgeht. Der Weisheit etwa, daß sie dem Millionenheer der Armen mit Geschenken weniger geben können als mit einer prachtvollen Kirche, nämlich den Traum von einer Welt, in der für immer Gerechtigkeit herrscht und wo sie nie wieder hungern müssen: Ist das Luxusleben der Hirten also vielleicht ein Opfer, das sie dieser Herde bringen?

Wenn an jedem Tag Zehntausende kleiner Kinder an Hunger sterben und das Oberhaupt der römisch-katholischen Kirche den Armen dennoch den Gebrauch der heute zur Verfügung stehenden Verhütungsmittel untersagt, dann kann das doch nur aufgrund einer uns nicht zugänglichen höheren Form der Menschlichkeit geschehen: etwa aufgrund der Einsicht, daß es tausendmal Schlimmeres gibt als hungernde Kinder.

Wenn die Kirche Christi mit bombenwerfenden Regierungen kollaboriert, dann ist das doch sicher der überirdischen Erleuchtung zu verdanken, daß es weit Grausameres gibt als Krieg. Und wenn sie schweigend zusieht, wie Andersgläubige verfolgt und ausgerottet werden, dann doch sicher aufgrund der Erkenntnis, daß es Schrecklicheres gibt, als wegen seiner Meinung über Gott und die Welt in Konzentrationslagern zu enden.

Wenn sie, wo immer möglich, gegen ihre Trennung vom Staatsgeschäft intrigiert, so doch aufgrund der Einsicht, daß es für uns am besten ist, wenn wir nicht selbst über unser politisches Schicksal bestimmen müssen, da eine solch wichtige Aufgabe den Verstand eines einfachen Menschen ja doch nur überfordern würde, nicht wahr?

Ihr Katholikinnen aller Länder, diese Frage geht an Euch. Welche Erklärung habt Ihr für das Verhalten Eurer Obrigkeit?

Denn wenn Kirchenkritiker recht hätten,

- wenn Kirchenbeamte ohne höhere Weisung in Luxus lebten, während draußen die Schlange der Hungernden immer länger wird,

- wenn Päpste aus niederen Beweggründen auf dem Verbot der Empfängnisverhütung beständen (ein paar Kinder kommen ja, wie gesagt, immer durch, der Machtbereich wird also auf jeden Fall größer),
- wenn die christliche Kirche vorsätzlich schwiege, wenn die Regierung ihres Landes auf Andersdenkende schießen und an Andersgläubige gelbe Sterne verteilen läßt,
- wenn ihr an der Untrennbarkeit von Kirche und Staat läge, um gegebenenfalls ihr Glaubensmonopol mit Waffengewalt verteidigen zu können,

kurz, wenn alles so wäre, wie es auf Anhieb scheint, dann wäre dies der eindeutige Beweis dafür, daß es bei den Nachfolgern Christi alles gibt – außer dem, was ihr Vorbild in so hohem Maß ausgezeichnet hat. Alles außer Vorstellungsvermögen, Einbildungskraft, Einfallsreichtum, Barmherzigkeit, Instinkt, Takt, Mitgefühl, Geschmack, Toleranz. Alles außer Phantasie und Sensibilität. Alles außer Intelligenz.

Und falls das so wäre, dann müßte man sich natürlich auch fragen, wie dieses Intelligenzdefizit zustande kommt: Bemühen sich um ein hohes Kirchenamt von vornherein nur die, die phantasielos und unsensibel sind; bleiben die echten Vertreter der Lehre Christi – als Arbeiterpriester, Missionare, Ordensschwestern, Heilige – regelmäßig auf der Strecke? Oder macht erst der stetige Umgang mit Kranken, Hungernden, Obdachlosen die Gefühle stumpf?

Hat das jahrzehntelange Mitleiden mit den Armen die perverse Folge, daß man sich dann, wenn man dort ankommt, wo man wirklich etwas für sie ändern könnte, schon nicht mehr in sie hineinversetzen kann?

Und wiederum die Frage: Werden in Eurer Kirche die Sensiblen von den Unsensiblen, die Barmherzigen von den Unbarmherzigen, die Demütigen von den Auftrumpfenden, die Gescheiten von den Törichten beherrscht? Ist die prachtvolle Aura Eurer Nächstenliebe-Karrieristen Abglanz einer Beschränktheit, die so groß ist, daß sie schon beinah überirdisch wirkt?

Und falls dies so ist, wie könnte man es ändern? Wie bringt Ihr, die Katholikinnen aller Länder, es fertig, eine *barmherzige* Päpstin an die Macht zu bringen?

denn auch wenn Euch dieses Wort noch so mißfällt: Um Macht wird es bei Euch auch in Zukunft gehen. Fressen oder gefressen werden – dieses Gesetz der freien Marktwirtschaft gilt auch und vor allem für die Konfessionen.

Das Problem wäre nicht vorhanden, wenn es auf dem Markt der Überlebensversicherungskonzerne nur einen einzigen Anbieter gäbe: eine Weltreligion in einer Weltkirche. Doch das Angebot für ein Leben danach ist so vielfältig wie die Firmen, die versuchen, damit an Macht und Geld zu kommen. Und was für die anderen Dienstleistungsbranchen gilt, gilt natürlich für diese erst recht: Keiner der Beteiligten hat je genug, jeder will seinen Anteil erweitern und den Markt beherrschen.

Das liegt auch ganz im Sinn derer, die bei ihnen versichert sind: Ihre Wahrheit ist ja erst dann wirklich wahr, wenn auch die übrigen Menschen daran glauben. Nichts tut ein Überlebensversicherter daher lieber, als für seine Gesellschaft neue Mitglieder zu werben. Man ist schließlich ein guter Mensch: Jeder Unversicherte ist unverzüglich aufzuklären, und jeder Andersversicherte muß wissen, daß er falsch versichert ist.

Nun sind die wirklich Unversicherten zu wenige und oft auch zu stur, als daß das Verkünden der Frohen Botschaft sich groß lohnte. Die fetten Zuwachsraten sind auf diesem heißumkämpften Markt bei den Andersversicherten zu holen. Drei Strategien kommen hierfür in Betracht:

Man kann sie abwerben (Bekehrung),

man kann sie zur Unterschrift nötigen (Zwangsbekehrung),

man kann sie dezimieren (Genozid).

Im letzten Fall wird der Marktanteil auf indirektem Weg größer. Und obwohl diese dritte Variante in den meisten Fällen ausdrücklich den Statuten widerspricht, gab es in der Vergangenheit kaum einen Religionskonzern, der nicht wenigstens versucht hat, sich auch dieser Methode zu bedienen. Eine Weltkirche? Aber gern! Nur sollte es eben unsere sein!

Die wirklich verheerenden Folgen der Religiosität liegen also weniger in der periodischen Verfolgung und Ausrottung der kleinen Minderheit der Ungläubigen als in den Blutbädern, die die Anhänger der diversen Heilsvarianten untereinander anrichten. Und da ihnen dabei immer schlagkräftigere Waffen zur Verfügung stehen, wird unsere Todesangst noch größer und die Notwendigkeit einer Überlebenspolice einleuchtender denn je. Die gehortete Munition könnte uns heute alle auf einmal ausradieren, und es ist lediglich eine Frage der Zeit, bis sich ein frommer General von seinem Gebetsteppich erhebt und seinem frommen Adjutanten das Zeichen gibt.

Glaube versetzt nicht nur Berge, sondern macht auch die Verheißungen der Bibel wahr: Die angekündigte Schlacht von Armageddon, bei der wir schließlich alle dran glauben müssen, ist nicht länger der Einschüchterungsversuch eines christlichen Autorenkollektivs, sondern eine an Sicherheit grenzende Wahrscheinlichkeit. Wer noch keine Police hat, sollte sich also eine besorgen – und zwar jetzt! Die Überlebensindustrie feiert ihre wohl letzten, aber größten Triumphe: Da uns dank der aggressiven Politik ihrer Marktstrategen nun ein vorzeitiger Tod so gut wie sicher ist, wird es auch immer wichtiger, daß es wenigstens im Jenseits noch ein bißchen weitergeht.

Und dieses Armageddon, prophezeit oder nicht, habt Ihr zu unterbinden – Ihr, die Ihr nun die neuen Fürstinnen dieser Kirche seid. Im eigenen Interesse, in dem der Andersgläubigen, in unserem.

Wegen Euch Gottesfürchtigen müssen wir heute vor jeder Nachrichtensendung zittern: Welchen andersgläubigen Verein haben sie jetzt wieder angefallen? Was kann man tun, damit es einem nicht schon morgen ebenso ergeht? Soll man versuchen, sie rechtzeitig zu entmachten? Soll man vorsichtshalber zu ihrem Glauben übertreten? Soll man auf unparteiisch machen und versichern, daß einem ihr Allah so lieb ist wie der liebe Gott der Gegenseite? Unseretwegen können sie sich fünfzigmal am Tag gen Mekka neigen, können ihre Konkurrenten sich tausendmal so oft bekreuzigen – nur unseren Frieden sollen sie uns lassen!

Natürlich haben Kriege ihre Ursache nicht direkt in diesem Jenseitsdurst der Massen. Doch er ist schuld, daß Kriege möglich sind und daß Menschen sich dazu mißbrauchen lassen. Im Konflikt gegen den Irak gab die iranische Führung ihren Kind-Soldaten Plastikschlüssel mit in die Schlacht: Im Fall ihres Todes sollten sie sich damit das Tor zum Himmel aufschließen.

Jeder religiöse Mensch ist eine potentielle Waffe – weiß er doch, daß ihm selbst gar nichts passieren kann. Nur der Ungläubige ist sterblich. Für den Frommen kann es sich lediglich um den Übergang von einer Welt in die nächste handeln – und diese nächste ist tausendmal schöner und besser und komfortabler: Sie ist das Paradies! Wie könnte sich jemand vor dem Sterben fürchten, der unsterblich ist? Was riskiert er in einem Krieg?

Jeder religiöse Mensch ist eine potentielle Waffe – weiß man doch, daß machtgierige Potentaten ihre Völker am schnellsten und gründlichsten mobilisieren, wenn sie ihnen eine Bedrohung ihres Glaubens suggerieren. Armut und Rassismus kommen als Motivation zum Kämpfen erst in zweiter Linie. Wo sich Kirchen gegen solche Manipulationen sperren, sind zumindest Angriffskriege nicht mehr möglich. Wo sie sich wirklich auf die Seite der Armen oder der unterdrückten Rasse schlagen, gibt es weniger Opfer. Wenn Rom das Verraten und Verfolgen von Juden als Todsünde gebrandmarkt und die evangelische Kirche Deutschlands statt zur Kollaboration zum Widerstand aufgerufen hätte, wäre Adolf Hitlers Karriere anders verlaufen: Im Zweifelsfall hätte nämlich dem deutschen Christen sein Ewiges Leben nähergestanden als sein Tausendjähriges Reich.

Jeder religiöse Mensch ist eine potentielle Waffe – weiß er doch, daß zugleich mit seinem Glauben sein Ewiges Leben auf dem Spiel steht. »Gott mit uns«, schreiben sie auf die Fahnen, mit denen sie auf die Andersgläubigen losgehen. Wo käme man hin, wenn man, wie Christus, seine Feinde lieben würde? Das ganze Christentum ginge vor die Hunde, nicht wahr?

Wir wissen, daß wir viel von Euch verlangen, Ihr Katholikinnen aller Länder. Doch dieses Gemetzel muß beendet werden! Das Gebot »Du sollst nicht töten« darf nicht mehr mit Zusatz verwendet werden. Es darf nicht länger lauten: Du sollst nicht töten, es sei denn, Dein Papst befiehlt Dir, dem Diktator oder der Junta Soundso zu dienen. Dieser Mißbrauch des fünften Gebots ist mit Euch Vergangenheit, ja?

Und damit das wirklich weltweit begriffen wird, erwarten wir zunächst einmal ein weltweit verständliches *mea culpa*. Bisher hörten wir nämlich kein Wort darüber, daß die katholische Kirche alle Kriege im 20. Jahrhundert in den Ländern ihres Einflusses ungehemmt unterstützt hat: Franco, Mussolini, Hitlers Überfall auf Sowjetrußland ... Kein Wort auch über die Bereitschaft zum millionenfachen Töten, die in der Aufrüstung mit Atombomben, Bakterien und Giftgasen ihren Ausdruck findet – all das hat die katholische Kirche ja selber in den Zeiten des Kalten Krieges für unerläßlich erklärt. Kein Wort auch über den horrenden Waffenhandel von Deutschen, Franzosen, Amerikanern – dann müßten ja ernstliche diplomatische Konsequenzen zwischen dem Vatikanstaat und dem Großkapital sowie den Großmächten gefürchtet werden[10].

Ihr, die Ihr in dieser Kirche so lange zu schweigen hattet: Jetzt dürft Ihr's sagen. Und müßt nicht einmal die Konsequenzen fürchten: Ein solches *mea culpa* kann Eurer Catholica letztlich nur helfen. Sogar unter ihren treuesten Anhängern sind ja inzwischen schon Leute, die sich dieser Kirche schämen. In Argentinien etwa war die persönliche Bekanntschaft mit einem hohen katholischen Würdenträger ein Umstand, dessen man sich rühmte. Erst jetzt wird nach und nach bekannt, wie gigantisch und bestialisch die Verbrechen waren, zu denen die argentinischen Bischöfe schwiegen, als sie während des »schmutzigen Krieges«

zu den mörderischen Generälen hielten – denn diese hatten wieder einmal versprochen, den Untergang des Katholizismus aufzuhalten!

Während in den Verliesen der Junta Zehntausende junger Menschen auf die bestialischste Art gefoltert und ermordet wurden, war der Apostolische Nuntius mit dem ranghöchsten der argentinischen Folterknechte beim Tennisspielen. Während die um Erbarmen flehenden Mütter der Opfer vor dem Haus im Regen standen, saßen drin die argentinischen Bischöfe mit den argentinischen Generälen beim Essen. Und nagelten ihren Heiland nach bewährtem katholischen Ritus wieder einmal ans Kreuz.

Und darum, Ihr Katholikinnen: Wie könnte es Euch schaden, etwas zu gestehen, das ohnehin jeder weiß? Wenn das mit der erlösenden Wirkung der Beichte auch für die Fachleute dieser Kirche gilt, dann sagt es. Aber sagt es laut!

Und auch das indirekte Morden, das Euer jetziger Unfehlbarer in nicht zu überbietendem Zynismus eine Politik für das Leben *(pro vitae)* nennt, hat aufzuhören.

Katholikinnen aller Länder, Ihr seid Frauen, Ihr wißt, wovon wir sprechen:

- Ein Kind, das einer Mutter geboren wird, die es nicht haben *will*, ist ein dem psychischen Tod geweihter Mensch.

– Ein Kind, das einer Mutter geboren wird, die es nicht haben *kann* (weil sie es nicht ernähren könnte), ist ein dem physischen Tod geweihter Mensch.

Das päpstliche Verbot aller zuverlässigen Methoden der Geburtenkontrolle (Pille, Spirale, Diaphragma, Präservativ) ist daher als eine Politik für den Tod *(pro mortem)* zu bezeichnen, da sich die katholische Kirche damit in ihrem Einflußbereich des Sterbens bzw. der seelischen und körperlichen Verkrüppelung von abermillionen Kindern schuldig macht. Und zusätzlich hat sie das Unglück derer zu verantworten, die hilflos bei all dem zusehen müssen – meistens sind das die gläubigen Mütter selbst.

Nein, wir wollen hier nicht in das modische Geschimpfe auf den augenblicklichen Papst einstimmen. Wir denken, daß er nicht wirklich begriffen hat, welches Elend er mit seiner Verteidigung der »Pillenenzyklika« *(Humanae Vitae)* und all seinen übrigen Äußerungen zu diesem Thema über die Welt verbreitet. Wenn wir gläubig wären, würden wir unsere Herrin bitten, ihm zu vergeben, da er ja ganz offensichtlich nicht weiß, was er da tut. Denn ist es nicht dieser Papst, der von Maria sagte, sie habe dem Kreuztod ihres Sohnes »liebevoll zustimmend« beigewohnt? Vielleicht meint er in aller Unschuld, daß auch die ausgepowerten Südamerikanerinnen den Tod ihrer Kinder als Privileg empfinden? Ist das nicht, als stellte man sie mit der Mutter des Heilands auf eine Stufe?

Für sensible Menschen ist es unendlich schwierig,

die Entscheidungen der Unsensiblen zu begreifen. Vielleicht wollte der Papst der Katholiken mit seinem jüngsten Streich, dem *Evangelium vitae*, nur erreichen, daß man wieder einmal von ihm redet. Denn bei seinen vielen Reisen sieht ja schon keiner mehr hin. Aber wenn er im selben Atemzug HIV-Infizierten die Benutzung des Kondoms verbietet und den Regierenden weiterhin die Todesstrafe gestattet (in »schwerwiegendsten Fällen« natürlich nur), das fällt dann schon auf!

Vielleicht liegt das Problem zum Teil auch darin, daß die älteren Herren, die in dieser Materie bis heute das Sagen hatten, sich überhaupt nicht mehr vorstellen können, wie schwierig das Unterdrücken des Sexualtriebs normalerweise ist. Für das Ausmaß des sexuellen Verlangens ist ja bei beiden Geschlechtern das Hormon Testosteron zuständig, dessen Niveau dank einer seltsamen Laune der Natur beim Mann in der Andropause (den nach dem fünfzigsten Lebensjahr beginnenden männlichen Wechseljahren) rapide zu sinken beginnt, während es bei der Frau noch auf Jahrzehnte hinaus konstant bleibt und zuweilen sogar steigt. Und so kann sich dann eben auch eine ältere Frau – und Eure Päpstinnen werden bei der Nominierung wohl ebenfalls über fünfzig sein – noch mit sexuell leidenschaftlichen Menschen identifizieren, da sie die entsprechenden Wünsche ja auch am eigenen Leib empfindet. Es ist schwer denkbar, daß ein weibliches Kirchenoberhaupt so weltfremd wäre, seinen Anhängern zu empfehlen, zur Vermeidung von Nachkommenschaft doch ganz einfach auf den Liebesakt zu verzichten. Und auch vor dem die Toleranz sicher nicht fördernden »Penisneid« des älteren Mannes auf den jungen ist eine Päpstin durch ihre Biologie gefeit.

Katholikinnen aller Länder, Ihr seid Frauen – und darum wird nun das biblische Gebot »Wachset und mehret Euch« unter Eurer Leitung einen Zusatz erhalten: »... doch nur, wenn ihr in der Lage seid, das geplante Wesen so zu lieben und zu nähren, wie man dies von christlichen Eltern erwarten kann«.

Hütet Euch vor so seltsamen Heiligen wie dieser Mutter Theresa, die vielleicht durch ihren selbstlosen Einsatz jeden Tag zehn Kinder vor dem Hungertod bewahrt, jedoch durch ihre gleichzeitige Kampagne gegen jede Art der Geburtenkontrolle dazu beiträgt, daß am selben Tag Hunderte von Kindern in Verhältnisse geboren werden, die ihren sicheren Hungertod bedeuten – und die dann eben keine Mutter Theresa finden. Was ja ohnehin nicht das christliche Ideal sein könnte: Ein Kind braucht keine Mutter Theresa, sondern eine Mutter. Und wann immer möglich, sollte es auch einen Vater haben.

Es ist also ausgeschlossen, daß diese Frau auch mit ihren Gefühlen auf der Seite der Elenden steht, um die sie sich so aufopfernd kümmert. Mit ihren Gefühlen steht sie auf der Seite ihres Heiligen Vaters, der ihr für die charismatische Rolle »Gottes Lohn« zugesprochen hat: fünfzig Jahre Arbeit bei den Armen gegen eine Ewigkeit in paradiesischem Komfort. Nicht einmal der rabiateste Gewerkschaftsführer würde es wagen, für seine Proletarier ein solches Tarifabkommen einzufordern.

Schwestern, dieser uns ehedem so reich versorgende Planet erstickt schon heute unter seiner Menschenlast. Wenn die Geburtenrate im jetzigen Tempo weiterwächst, ist unsere Erde in wenigen Jahrzehnten ein einziger Stadtstaat. Eure Göttin wird dem mit völkerfressenden Epidemien, völkererstickendem Sauerstoffmangel und völkerersäufenden Sintfluten abhelfen müssen – und man hat immer häufiger den Eindruck, daß Sie bereits übt. Wäre es daher nicht vernünftiger, wir pfuschten Ihr ein wenig ins mörderische Handwerk, indem wir Ihre potentiellen Opfer erst gar nicht zu uns auf diesen übervölkerten Planeten bitten? Was nützt Euch eine zehnmal so große Katholikengemeinde, wenn es eine Gemeinde von Verhungernden, Erstickenden und Verseuchten ist?

Die päpstlichen Verordnungen zum Schutz des Lebens sind in ihrer letzten Konsequenz mitleidlose Plädoyers für ein Massensterben aus göttlicher Hand. Doch Eure Schöpferin hat Euch Euren Verstand nicht nur gegeben, um die Kirchensteuer auszurechnen – auch für die Kalkulation der menschlichen Zuwachsraten steht er Euch zur Verfügung. Ihr wißt also genau, wie es bei einer Beibehaltung der heutigen Strategien weitergeht. In Lateinamerika, wo die meisten Eurer

Anhänger leben und wo Euer Konzern die höchsten Zuwachsraten verzeichnet, ist – abgesehen von der chronischen Unterernährung – schon jetzt ein Drittel der Bevölkerung obdachlos. Hier hätte Eure Kirche die Verhütungsmittel nicht nur zu empfehlen, sondern zu verschenken, da sich gerade diese Ärmsten der Armen diese Mittel, selbst wenn sie erlaubt wären, gar nicht kaufen könnten.

Es geht also auch hier wieder darum, ein Gebot gegen ein anderes einzutauschen: Die Pflicht des Gebärens wird durch die Pflicht des Verhütens abgelöst. Das sollte eigentlich nicht schwierig sein: Wenn Eure Päpstin die entsprechende Anweisung gibt, ist die frohe Botschaft an einem einzigen Sonntag über den ganzen Globus verbreitet.

Ihr könntet sie sogar mit demselben Hymnus an die Jungfrau untermalen, mit der Johannes Paul II. seine aufwendige Verkündung des *Evangelium vitae* musikalisch überhöhen ließ:

»O Maria,
Morgenröte der neuen Welt,
Mutter der Lebendigen,
Dir vertrauen wir die Sache des Lebens an.
O Mutter,
blicke auf die grenzenlose Zahl von Kindern,
denen verwehrt wird geboren zu werden …«

Wenn Ihr hier die letzte Zeile austauscht und singen laßt »denen verwehrt wird zu leben«, müßt Ihr diese

Komposition nicht einmal auf dem Scheiterhaufen der unsittlichen Kirchenschriften verbrennen lassen. Dann klingt sie auf einmal christlich.

Zudem wäre eine gezielte Förderung der Verhütung unerwünschter Schwangerschaften die einzige Möglichkeit, um zumindest bis zu einem gewissen Grad jene Todsünde zu verhindern, die Eurer Kirche offenbar die meiste Sorge bereitet – den Abbruch einer Schwangerschaft.

Katholikinnen aller Länder, Ihr seid Frauen, und selbst wenn diejenigen von Euch, die dann schließlich zu entscheiden haben, längst nicht mehr im gebärfähigen Alter sind, wissen sie doch auch hier allein schon aus biologischen Gründen besser als Männer, worum es bei einer Abtreibung geht. Denn hat man bei den heutigen Debatten zu diesem Thema nicht unwillkürlich den Eindruck, die Herren Eurer Kirche meinten, wir Frauen legten uns zum Vergnügen auf den Operationstisch, um einen solchen Eingriff vornehmen zu lassen?

Und auch dieses »Vergnügen« genießen wir bisher ja nur in den wenigen Ländern, wo furchtlose Demokraten die absolute Trennung von Kirche und Staat erkämpften, so daß nun weder Arzt noch Patientin juristisch verfolgt werden können. In den übrigen Gegenden sind wir Frauen – seien wir nun gläubig oder nicht – bei einer unerwünschten Schwangerschaft nach wie vor gezwungen, mit Stricknadeln in uns herumzustochern, Seifenstücke in die Gebärmutter zu stopfen, giftige Substanzen zu trinken, uns an den Füßen aufzuhängen, uns bei Kurpfuschern zu infizieren oder daselbst zu verbluten. Das Mittel, mit dem man heute eine Schwangerschaft gleich in den ersten Tagen relativ schmerzfrei und gefahrlos beenden könnte, ist in den meisten Ländern noch immer nicht im Handel. Im Namen der zahllosen Frauen, die sich jedes Jahr beim Versuch einer Abtreibung verstümmeln oder sogar töten, muß man das weitgehende Verbot des Medikaments RU 486 als kriminell bezeichnen.

Wir wollen hier den Schwangerschaftsabbruch nicht zu einer moralischen Bagatelle verniedlichen, nein. Es handelt sich zwar nicht um den »Kindermord«, den demagogische Kirchenmänner und von ihnen aufgehetzte Laien uns so gerne unterschieben würden (wer eine Kirschblüte pflückt, fällt keinen Kirschbaum), doch eine Kleinigkeit ist die Zerstörung eines Embryo nicht. Heute, wo die Bilder dieser vorskizzierten Menschen überall zu betrachten sind, erscheint uns ihre Vernichtung noch barbarischer als zu Zeiten, da es diese Aufnahmen noch nicht gab.

Daß Frauen, denen das Verhüten (aus welchem Grund auch immer) mißlungen ist, sich trotzdem weiterhin zu einer Abtreibung entschließen, hat einen einfachen Grund: Es gibt einen Gedanken, der sie noch mehr schreckt als der an die Zerstörung dieses Embryo – die Vorstellung, sie könnten das Leben eines Menschen verschulden, der zum Leiden ausersehen wäre. Kennt jemand einen entsetzlicheren Anblick als den eines hungernden oder verlassenen Kindes?

Nun wissen wir als Frauen natürlich auch um die Brutalitäten unseres Geschlechts – wissen also zum Beispiel, daß es unter uns auch solche gibt, die bei einer Abtreibung (außer den eigenen Strapazen) gar nichts schreckt: Der Gedanke an den zu tötenden Keim plagt sie nicht im geringsten. Doch gerade solchen Frauen müßte man die Abtreibung erleichtern. Sollten dermaßen unsensible Menschen doch am besten gar keine Kinder bekommen: Welches Glück könnte diese erwarten?

Aber stellen wir uns in dieser Situation nun ruhig einmal die Idealfrau vor. Eine Idealfrau in Eurem Sinne: ein junges, gläubiges Mädchen aus strengkatholischem Elternhaus, das trotz aller Warnungen an den falschen Mann geraten ist. Die Schwangerschaft würde dieses Mädchen vor ihren Eltern zu verheimlichen haben, ihr Neugeborenes karitativen Institutionen überlassen müssen. Oder denken wir an eine bereits ältere Frau, ebenfalls überzeugte Katholikin, die schon mehrere Kinder zu versorgen hat und ein weiteres auf keinen Fall ernähren könnte. Beide Frauen glauben aufs Wort, was ihre Kirche in dieser Sache verkündet: Abtreibung ist eine Todsünde, auf die die Höllenstrafe steht. Und trotzdem treiben beide Frauen ab.

Und nun fragen wir Euch, Ihr katholischen Schwestern: Wenn wir hier nur den allerstrengsten moralischen Standpunkt gelten lassen – wie hätte man diese beiden Frauen dann zu bezeichnen? Als Heldinnen, nicht wahr? Das sichere Unglück der Kinder, die sie hier bekommen sollten, nehmen sie wichtiger als ihr eigenes Glück im versprochenen Paradies. Sie wollen lieber für alle Ewigkeit in der Hölle braten, als daß sie einem Kind zumuten, ohne Mutter aufzuwachsen oder mit hungernden Geschwistern um den letzten Bissen zu kämpfen. Wenn man Christus beim Wort nimmt, sind Frauen wie diese beiden die eigentlichen Heiligen Eurer Kirche. Und wie christlich wäre diese Kirche, wenn sie Bedingungen schaffte, die solch gigantische Opfer überflüssig machten!

Man muß die soziale Infrastruktur verändern, sagen Eure Kirchenmänner, wenn man ihre Bevölkerungspolitik kritisiert. Man muß die Welt so gestalten, daß alle Frauen sorglos alle Kinder gebären können, die ihr Herrgott ihnen in seiner ewigen Weisheit zudachte. Und gerade dort, wo die katholische Kirche in diesem Jahrhundert den größten Einfluß hatte, hat sich die Infrastruktur dann ja auch stetig verändert: Die Reichen sind immer noch reicher geworden und die Armen immer noch ärmer. Was sie dank christlicher Vorsorge freilich nicht an ihrer Vermehrung hindert: Peru verdoppelt seine Bevölkerung alle 20 Jahre, Mexiko alle 18 Jahre, Brasilien alle 17 Jahre[11].

In Brasilien besitzen heute drei Prozent der Bewohner fast zwei Drittel der Fläche des ganzen Landes. Ist das die Infrastruktur, die der ausgemergelten Brasilianerin das Kinderkriegen demnächst zur Freude machen wird? Jetzt, da in ganz Südamerika die »marxistische Gefahr« verschwindet oder bereits verschwunden ist, wird sich Eure Kirche da überhaupt noch um die Armen kümmern? Ist es nicht einfacher, wenn man sich gut mit deren Regierungen stellt?

»Wenn Gott nicht existierte, so wäre alles erlaubt«, heißt jener berühmte Satz Dostojewskis. Doch bis zum heutigen Tag sind es gerade die Gottesfürchtigen, die sich alles erlauben. Und dies stets im Namen des Herrn.

Katholikinnen aller Länder, Ihr müßt etwas unternehmen, und zwar schnell. Ihr müßt versuchen, diese Welt zu einem Ort zu machen, der eine Zukunft hat. Denn wir können das alles nicht mehr mit ansehen. Wir haben keine Schöpferin, die hier leiden läßt, um dort zu belohnen. Für uns gibt es nur dieses eine Leben in dieser einen Welt. Wer hier leidet, wird niemals etwas anderes kennen.

Vielleicht ist es Kadaverkosmetik, was wir da von Euch verlangen. Vielleicht ist diese vor zweitausend Jahren unter dem Vorwand der Verkündung einer neuen Moral gegründete Organisation dermaßen abgewirtschaftet, daß es unmoralisch ist, auch nur den Versuch einer Re-Christianisierung zu unternehmen. Vielleicht kommen die Zuwachsraten dieser Kirche längst nur noch aus ihrer Mitleidlosigkeit – von den Generälen, mit denen sie zum Ausschalten der Andersgläubigen kollaboriert, von den Kindern, deren Leben sie durch das Verhütungsverbot erzwingt.

Doch diese Kirche ist nun einmal vorhanden, und darum kann man es genausogut *mit* ihr versuchen. Was würde denn passieren, wenn die Catholica verschwände? Ihre Schäfchen würden nicht einfach fröhlich und in Freiheit weiterleben, sondern so rasch wie möglich dahin laufen, wo man ihnen die neugewonnene Unabhängigkeit am gründlichsten wieder abnähme: Nach Eurer Kirche käme einfach eine andere, und bei der wären die Bedingungen dann vielleicht noch zynischer als bei Euch. Da wir sterblich sind und es auch bleiben werden, werden wir immer Angst vor dem Abschied haben und uns darum immer zu denen flüchten, die uns zur Belohnung für die Macht, die wir ihnen über uns geben, ein Weiterleben nach dem Tod versprechen. Warum es also nicht mit dem Konzern versuchen, der nun schon einmal da ist: Der größten und ältesten der christlichen Kirchen.

Und darum, Ihr Katholikinnen aller Länder, Ihr mit der weißen Weste, Ihr mit den sauberen Händen – tut etwas! Ihr seid viele, Ihr seid reich, Ihr seid mächtig, Ihr seid gebildet, Ihr seid gescheit, Ihr seid fromm und vielleicht seid Ihr sogar barmherzig. Wenn es eine Gruppe von Menschen gibt, die diese Welt vor dem Abgrund bewahren kann, seid das Ihr. Wenn Ihr es wollt, kann es zumindest einen Aufschub für uns geben. Euer Armageddon kommt noch früh genug …

Katholikinnen aller Länder, vereinigt Euch!
Ihr habt nichts zu verlieren als den Segen Eures Papstes.
Ihr habt alles zu gewinnen.
Im Namen der Mutter, fangt an!

Zur Entstehung dieses Buches

Im Juni 94 fand in Wien die Uraufführung meines Theaterstücks *Das Lächeln des Barrakuda* statt, und einen Tag vor der Premiere sollte es im Österreichischen Fernsehen, in der Sendung Club 2, eine Diskussion zum Thema dieses Stückes geben: *Frauen in der Politik.* Doch dann verschickte Papst Johannes Paul II. an seine Bischöfe jenes skandalöse Rundschreiben, in dem er weiblichen Aspiranten »endgültig« den Zugang zum Priesteramt verweigert, und das Thema der Sendung wurde aus aktuellem Anlaß abgeändert – nun sollte es um *Frauen in der Kirche* gehen. Da ich in der Vergangenheit auch immer wieder über Religion geschrieben hatte, war ich auch zu dieser Gesprächsrunde eingeladen.

Die Diskussion dauerte fast zwei Stunden und brachte natürlich kein Ergebnis. Doch für meine Begriffe waren die Teilnehmer optimal ausgewählt: Da war der österreichische Bischof Johann Weber, der die undankbare Aufgabe hatte, die Botschaft seines Vorgesetzten vor uns und den Fernsehzuschauern zu verteidigen. Dann ein Dogmatiker aus Luzern, Manfred

Hauke, der die päpstliche Entscheidung mit sichtlicher Genugtuung mit Bibelzitaten untermauerte. Neben ihm saß eine junge Musikstudentin von engelhafter Schönheit, Ulrike Knapp, die stellvertretend für die konservative Fraktion der katholischen Frauen argumentierte: Der Heilige Vater werde in seinen Entschlüssen vom Heiligen Geist geleitet, und daher seien diese für sie unanfechtbar.

Die Opposition war durch drei sehr unterschiedliche Frauen vertreten: Uta Ranke-Heinemann, die erste Frau der Welt mit einem Lehrstuhl für katholische Theologie, der ihr jedoch wegen Aufmüpfigkeit – sie hatte es gewagt, die Jungfrauengeburt anzuzweifeln – bald wieder entzogen wurde. Die evangelische Pfarrerin Gertrud Knoll, soeben zur ersten österreichischen Superintendentin ernannt – was nach katholischem Maßstab etwa dem Rang eines Diözesanbischofs entspricht. Und die Frau, deren Aussage mich an diesem Abend eigentlich am meisten berührte und an die ich beim Schreiben dieses Buches dann immer wieder dachte: Dorothea Schwarzbauer-Haupt, eine katholische Pastoralassistentin aus Linz, die uns erklärte, wie kränkend das päpstliche Rundschreiben für Frauen in ihrer Lage sei. Kränkend auch für viele Mitglieder der von ihr betreuten Gemeinde, die nicht verstehen könnten, weshalb sie weder Sakramente spenden noch den Gottesdienst abhalten dürfe. Sie würde so gern Priesterin sein, sagte sie, sie fühle sich zu diesem Amt berufen. Und wer sie sah, wer ihr zuhörte, mußte zu dem Schluß kommen, daß diese ernsthafte, Warmherzigkeit ausstrahlende Frau ganz offensichtlich für diesen Beruf geschaffen war.

Meine eigene Rolle beschränkte sich an diesem Abend aufs Verwundern – immer wieder fragte ich die anwesenden Katholikinnen, warum sie sich diese päpstliche Entscheidung gefallen ließen. Als Mehrheit der Gläubigen verfügten sie in ihrer Kirche doch über ein unbegrenztes Revolutionspotential – warum machten sie es sich nicht zunutze? Und auch die Gegenstrategien lagen auf der Hand: Boykott, Streik, Wirtschaftssanktionen … Die Reaktion war eigenartig: Die Pro-Papst-Fraktion lächelte mitleidig zu mir herüber, für die Oppositionellen schien ich überhaupt nichts gesagt zu haben – sie ignorierten meine Einwürfe konsequent. Nur die temperamentvolle Uta Ranke-Heinemann reagierte einmal kurz: »Frau Vilar hat recht, hier muß man endlich einmal auf den Putz hauen!« Doch auch sie kam später nicht mehr auf das Thema zurück – vielleicht weil sie zu sehr damit beschäftigt war, die entstellten Bibelzitate der Papstjünger zu zerpflücken. Jedenfalls hatte ich den Eindruck, daß sich in dieser Kirche noch niemand ernsthaft mit dem Gedanken einer Frauenrevolte befaßt hatte. Der Gedanke war wohl zu neu, die Bereitschaft zur Demut zu sehr verinnerlicht, um so rasch eine Reaktion zu ermöglichen.

Und so fand ausgerechnet ich, die einzige Nicht-Gläubige dieser Runde, mich auf einmal in der Rolle der aufmüpfigen Katholikin. Denn als man dem Bischof das Privileg des Schlußworts erteilte und dieser seinen Glaubensschwestern mit gönnerhafter Freundlichkeit erklärte, ihre Situation werde sich vermutlich auch in kommenden Zeiten nicht groß ändern, obwohl man andererseits gerade in der katholischen Kirche Überraschungen nicht ganz ausschließen könne, ergriff ich gegen alle Regeln der Höflichkeit trotzig noch einmal das Wort: »Herr Bischof, wir werden Sie überraschen!«

Was ich damit meinte, wußte ich selbst nicht – ich fand nur, daß wenigstens eine von uns Frauen diesen Satz hier unbedingt auszusprechen hatte. Eine *freudige* Überraschung war das einzige, womit eine engagierte Katholikin wie Frau Schwarzbauer-Haupt für ihre Zukunft sollte rechnen dürfen ... Dieser Herr würde sich wundern!

Am nächsten Abend gab es dann im Theater in der Josefstadt die erwähnte Premiere, bei der mich Oskar Wuthe, der österreichische Vertreter meines Verlags, auf die nächtliche Diskussion ansprach und mich fragte, warum ich mein Versprechen an den Bischof nicht wahrmachte. Wie denn? Nun, ich könnte zum Beispiel eine Streitschrift nach dem berühmten Vorbild verfassen: Katholikinnen aller Länder, vereinigt Euch! Mit welcher Berechtigung – ich sei doch keine Katholikin? Gerade darum, meinte er, meine Unbefangenheit könne hier nur von Vorteil sein.

Obwohl ich nicht im Traum daran dachte, mich auf eine solche Arbeit einzulassen, kaufte ich mir ein paar Tage später mehrere Bücher von Uta Ranke-Heinemann und fand sie faszinierend. Mich wunderte nicht, daß man dieser Frau ihren Lehrstuhl wieder entzogen hatte – durch die Verbindung von Sachkenntnis, Sprachgewalt und einen mitreißenden Sinn für Komik war ihre Kritik an dieser Kirche vernichtend. Und erstmals erfuhr ich auch vom Ausmaß der sexistischen Manipulation, auf die die männlichen Katholiken ihren Anspruch auf Alleinherrschaft gründen.

Und so erschien mir der Gedanke des Einmischens bald weniger abwegig. Ich begann mir Notizen zu machen, legte mir einen Arbeitsplan zurecht. Das Thema war ja nicht neu – nur hatte ich mich in früheren Büchern und Theaterstücken mit dem Phänomen des Religiösen stets aus der Sicht der Agnostikerin befaßt. Mich interessierte, warum so wenige von uns ohne Konfession auskommen – nach einer 1995 angestellten Umfrage glauben z. B. in den Vereinigten Staaten 96 Prozent der Bevölkerung an die Existenz Gottes, 90 Prozent sind sicher, daß man nach seinem Tod in den Himmel kommt, und 72 Prozent meinen, daß man dort Engel trifft ... Wie die Sache aus der Perspektive dieser Gläubigen aussieht, der gläubigen Frauen gar, hatte mich wenig beschäftigt. Wie so oft ging es mir um die massive Zurückweisung von Freiheit – in der ja auch ich selbst mehr den Fluch der totalen Verantwortung sehe als den Segen, zu tun, was man will.

In einer zweiten Arbeitsphase fielen mir dann aber die Bücher des auch von Ranke-Heinemann immer wieder zitierten Literaten und Kirchenkritikers Karlheinz Deschner in die Hand, und ich gab mein Vorhaben einer – wenn auch mit Einschränkungen – prokatholischen Streitschrift wieder auf. Auch Deschner hatte ich einige Jahre früher bei einer Club-2-Diskussion kennengelernt. Es war kurz nach dem Amtsantritt Karol Wojtyłas, auf den ich als Südamerikanerin zunächst große Hoffnungen gesetzt hatte: Dieser Papst würde das unselige Verbot der Empfängnisverhütung bestimmt aufheben – wer so menschlich wirkte, konnte diesem Unglück doch nicht einfach zusehen! Im Nachwort zu meinem Buch *Die Antrittsrede der amerikanischen Päpstin* hatte ich diese naive Hoffnung sogar noch schriftlich fixiert.

Karlheinz Deschner hatte bereits zum damaligen Zeitpunkt die Machtpolitik des Polen durchschaut und dessen erste Reisen nach Südamerika in dem Bändchen *Der Papst reist zum Tatort* in ihrem ganzen Zynismus beschrieben. Erst jetzt entschloß ich mich, diesen Text zu lesen. Und in dem Maß, wie ich dann weitere Schriften Deschners kennenlernte, nahm ich von meinem Projekt wieder Abstand. Eine Kirche mit einer solchen Kriminalgeschichte konnte man nicht unterstützen – je früher es mit ihr zu Ende ging, desto besser für die Welt.

Doch dann kam der März 95 und mit ihm eine neue Enzyklika des Papstes, die zumindest in Sachen Verhütungspolitik alle seine früheren Befehle an Mitleidlosigkeit in den Schatten stellte. Dies gab den Ausschlag, daß ich mich nun doch an die Arbeit machte. Wer meine anderen Essays und Stücke zu diesem Thema kennt (*Der betörende Glanz der Dummheit, Die Antrittsrede der amerikanischen Päpstin, Die Erzie-*

hung der Engel), mag sich vielleicht daran stoßen, daß er oder sie hier einige Gedanken oder auch Passagen wörtlich wiederholt findet. Das liegt aber daran, daß ich unter der für mich ungewohnten Perspektive dieses Buches frühere Erkenntnisse immer wieder auf ihre Tauglichkeit in der neuen Umgebung überprüfen mußte. Und hierbei begannen sich Phänomene, die ich seinerzeit als Gottlose analysiert und jetzt quasi als Gläubige nachzuempfinden hatte, auf überraschende Weise zu ergänzen. Anstelle eines Grabens war da auf einmal eine Brücke: Zumindest im Augenblick erscheinen mir die Gefühle, die Gläubige und Ungläubige miteinander verbinden, zuverlässiger als die Gedanken, die sie voneinander trennen.

Esther Vilar
Barcelona, Sommer 1995

Anmerkungen

1 Uta Ranke-Heinemann, Eunuchen für das Himmelreich, Hamburg 1989
2 Karlheinz Deschner, Opus Diaboli, S. 131 ff., Hamburg 1987
3 Dieses und alle weiteren Beispiele dieses Kapitels entstammen: Uta Ranke-Heinemann, Eunuchen für das Himmelreich, Hamburg 1989
4 Karlheinz Deschner, Opus Diaboli, Reinbek, S. 143 ff.
5 Karlheinz Deschner, Opus Diaboli, S. 241 ff.
6 Karlheinz Deschner, Opus Diaboli, S. 231 ff.
7 Uta Ranke-Heinemann, Eunuchen für das Himmelreich
8 Karlheinz Deschner, Opus Diaboli, S. 115 ff.
9 Karlheinz Deschner, Opus Diaboli, S. 173
10 Eugen Drewermann in: Die Woche, 13. 4. 1995
11 Kalkulation nach dem Stand um 1980. Karlheinz Deschner, Opus Diaboli, S. 226

Die Veröffentlichungen von Esther Vilar

Prosa

Der dressierte Mann (Streitschrift)
München: Bertelsmann 1971

Die Lust an der Unfreiheit (Essay)
München: Caann 1971

Das polygame Geschlecht (Essay)
München: Caann 1974

Das Ende der Dressur (Essay)
München: Droemer 1977

Die Fünf-Stunden-Gesellschaft (Wirtschaftsmodell)
München: Langen Müller/Herbig 1978

Die Antrittsrede der amerikanischen Päpstin
(Religious fiction)
München: Langen Müller/Herbig 1982

Die Mathematik der Nina Gluckstein (Novelle)
München: Scherz 1985

Der betörende Glanz der Dummheit (Essay)
Düsseldorf, Wien, New York: Econ 1987

Rositas Haut (Roman)
Düsseldorf, Wien, New York: Econ 1990

Die 25-Stunden-Woche. Arbeit und Freizeit in einem Europa der Zukunft (Wirtschaftsmodell)

Düsseldorf, Wien, New York: Econ 1990

Die Erziehung der Engel (Essay; Bühnenstück)
Düsseldorf, Wien, New York: Econ 1992

Heiraten ist unmoralisch
Bergisch Gladbach: Gustav Lübbe 1994

Bitte keinen Mozart (Wirtschaftsbuch für Kinder. Neuausgabe)
Bergisch Gladbach: Gustav Lübbe 1995
(Originalausgabe München 1981)

Alt heißt schön (Manifest gegen den Jugendkult. Neuausgabe)
Bergisch Gladbach: Gustav Lübbe 1995
(Originalausgabe München 1980)

Bühnenstücke

Helmer im Puppenheim
Der Tangotänzer
Liebeslied für einen ruhelosen Mann
Die amerikanische Päpstin
Die Mathematik der Liebe
Die Strategie der Schmetterlinge
Rothschilds Nachbar
Der fliegende Holländer
Stundenplan einer Rache
Die Erziehung der Engel
Mein deutscher Sommer
Der Moskito
Das Lächeln des Barrakuda
Tee in Richmond
(sämtlich im Verlag Per H. Lauke, München)

Esther Vilar

Die amerikanische Päpstin

Theaterstück

»Die Päpstin ist toll.«

(Friedrich Dürrenmatt)

Aufführungsrechte:

PER H. LAUKE VERLAG

München

Originalausgabe

Textredaktion: Arnd Kösling, Köln
Schutzumschlag:
Nina Rothfos, Hamburg
Satz: Dörlemann Satz, Lemförde
Gesetzt aus der Slimbach Buch
Druck und Einband:
Franz Spiegel Buch GmbH, Ulm

Printed in Germany
ISBN 3-7857-0812-2

5 4 3 2 1